隣人を愛するということ

日系アメリカ人と日本を助けたフレンド派の人々の記録

杉村 宰 著

三月社

この書を、絶えず励まし続け祈り支えてくれた妻、啓子にささぐ

はじめに

有史以来、人類の絶えざる欲望の中で戦いは絶えることがない。直近ならば二〇二二年のロシアとウクライナの戦い、二〇二三年のパレスチナとイスラエルとの戦いも然りである。人類の歴史はいつもこのような戦いの連続であった。いつ、このような戦いが止むのだろうかと、誰の心も不安といらだちでいっぱいになる。そして、戦いのたびごとに平和が求められ、叫ばれてきた。

人々は平和、平和と叫んで来たのだが、残念ながら、いまだに恒久の平和を保つことができてはいない。人々はそれぞれの立場から平和を訴えてはいるが、それぞれの立ち位置が異なり、噛み合わないからである。自分や自分の国を愛しつつ、隣人や隣国に戦いを挑み平和を乱してきた歴史ではなかっただろうか。

そこに一石を投じるのが、「隣人を愛する」という神の知恵である。この〝隣人愛〟を実践してきた人々の代表として、キリスト教プロテスタントの一派で、キリスト友会《ゆうかい》（Religious Society of Friends）とか、フレンド派とも呼ばれる人たちがいる（以後、フレンズと呼ぶ）。一般的にはクエーカーと呼ばれる人たちであり、私たち日本人、並びにアメリカ在住の日系人は、彼らを通してどれほど多くの愛を受けてきたことだろうか。そこには目を見張るものがある。

本書はフレンズの人々の愛と平和の行動を記録することを通じて、彼らの隣人愛、平和に対する熱意を感じ取り、これらを学ぶために記したものである。それによって私たちの今後の歩みの一助にしていただきたいと願う。

次の記事は二〇〇二年、日本の『キリスト新聞』（キリスト新聞社）のクリスマス号に掲載された塚本潤一宣教師のものである。

「一九四二年五月二十九日、カリフォルニア州サンノゼ市の日系人たちは、もくもくと駅までの道をたどりました。真珠湾攻撃以降、敵性外国人と決め付けられた十二万人の日系人が全米十カ所の強制収容所へと向かうためです。仕事と財産と夢とを奪われ、家を追われた彼らは、奇妙な静けさの中、両手に持てるだけの荷物と胸いっぱいの不安を抱えながら歩きました。絶望と失意の中で駅についた時、彼らは一つのテントを見つけました。それは遠くへ旅立つ彼らのために用意されたコーヒーとドーナツのブースで、クエーカーのグループが用意したものでした。国全体が反日感情で突き進む時に、彼らの奉仕はとても小さなものでした。しかしこの時の感動は六十年たっても、忘れられないこととして、日系人の心の中に刻まれています」

太平洋戦争勃発以来、在米の一世や二世（以後、日系人と呼ぶ）の間で、フレンズを次のように言う声が聞かれた。

「戦時中、日系人の側に立ってくれた唯一のアメリカ人だった」

「強制収容所で迎えた最初のクリスマスで子どもたちに手渡すことができたプレゼントといえば、アメリカ・フレンズ奉仕団（American Friends Service Committee: AFSC）からのものであった」

「キャンプ（収容所）で生まれたわが子を包んでやれる真新しい物といえば、クエーカーの婦人たちから贈られた新生児用のキルトだった」[1]

フレンズは戦時中の日系人に対して実に多くの愛を与えてくれた人たちなのである。

彼らフレンズは「静かな助け人」といわれる。[2] その奉仕のあり方が控えめで目立たないからである。彼らは人前では決して〝ラッパ〟を吹かない。そういうこともあり、一世が召され、二世も高齢になっていく現在の日系人社会の中で、彼らの働きを知っている人たちはそう多くない。

もちろん戦時中でも、フレンズに限らず、宗派を越え、宗教を越え、人種を越え、国境を越えて多くの人たちが温かい手を差し伸べてくれた。またフレンズ同様、ブレザレン（同胞教会）やメノナイト派なども非暴力の提唱、良心的兵役拒否、平和主義などを唱え続けた団体である。特にブレザ

これらの写真は1942年、パサデナの駅で日系人収容者たちのためにコーヒーやバター・ロールなどをもって朝食を準備したり、見送っている様子である。このような愛の行為は、不安におののく彼ら日系人にとって、どれだけ大きな励ましになったことであろうか!
写真:Lucile Fessenden Dandelet

レンなどは絶えず犠牲的な精神で日系人を支えてくれた人たちである。また「アメリカ人権保護連合」（American CivilLiberties Union: ＡＣＬＵ）なども、日系人強制収容に反対の声を上げてくれた数少ない団体の一つであった。[3] 日系史に詳しいロサンゼルス・バプテスト教会引退牧師・山田和明は言う。

「敵国日本への憎悪の渦巻くアメリカ社会の中で、日系人とその家族を尋ねる旅を続けたアメリカ人として、ロサンゼルスで著名な三人といえば、日本人街のメリノール・カトリック教会、ヒュー・レイヴリー神父、ロサンゼルス近郊でパサデナ在住のクエーカー教徒、ハーバート・ニコルソン先生、さらにロサンゼルスのバプテスト・ミッション、ラルフ・メイベリー総主事である」[4]（各人は後述）

このようにフレンズ以外にも日系人を擁護する働きは多くあった。しかし、フレンズの日系人に対する愛の行為は際立っていた。

一九四一年十二月七日（日本時間十二月八日）、日本帝国海軍が真珠湾のアメリカ艦隊を攻撃したが、その日だけで七百人以上ものハワイと西海岸在住の日本人が「アメリカ連邦捜査局」（Federal Bureau of Investigation: ＦＢＩ）によって一斉検挙され、やがて八カ所の司法省戦時抑留所（Internment Camps）に送られた。

さらには一九四二年二月十九日、フランクリン・ルーズヴェルトによって大統領命令九〇六六号が発令された。日系人を強制収容せよという命令であり、西海岸在住の十二万人近い一世と二世が同年の三月二十七日から、都市近郊の競馬場などを利用した西海岸十六カ所の、集合所（Assembly Center）といわれた仮収容所に入れられてゆく。それから、その年の五月から十月にかけて、アメリカ中西部の砂漠地帯や湿地帯に設けられた十カ所の、強制収容所ともいわれた、転住所（Relocation Centers）に送られてゆく。

アメリカ全体が「敵国日本を撲滅せよ、日系人を強制収容せよ」と日系人に対して憎悪をむき出しにしている中で、それまで彼らと家族のように親しくしていたアメリカ人たちでも、真珠湾が攻撃されたその時から、手の平を返したようにその態度を変えたという話がある。長く日本に遣わされ、日本人と親しい関係にあったアメリカ人宣教師でさえ、戦争がはじまった途端に周りの目を気にして、彼らから離れようとした人たちもいた。

日本においては、一九四二年六月に発令された治安維持法違反を理由に、元ホーリネス教会の牧師たち百三十三人が逮捕され、そのうち八人が殉教の死を遂げている。このような人たちのように、確かに体制に対抗して信念を貫いた信仰者たちもいた。[5]

しかし、総じてキリスト教会は政府の政策に唯々諾々であった。「教会の中に天皇崇拝のために神棚を作れ」命じられれば神棚を作り、「キリストと天皇とどちらが偉いか」と尋ねられれば、後者と答える教会が大半であった。それだけ当時は自分たちの信仰を堅持することが困難だったのである。もちろん、彼らを責めているのではない。日本でもアメリカでも自分たちの信念に立ち続けてゆくことがいかに困難であったのかを言いたいのである。

そのような中で日系人はアメリカ軍兵士の監視の中、両手に持てるだけの必需品しか所有が許されず、さらには物資の輸送に使う荷札を胸にくくり付けられて、家畜のように収容所に引かれて行った。だが、クエーカーは日系人の荷物運搬を手伝ったり、収容所に向けて運行されるバスや列車の座席ひとつひとつの上にパンやドーナツ、コーヒーなどを置いて慰め励ましてくれたのである。戦争勃発後も終始変わらず援助の手を差し伸べ続けるというのは、なんと勇気のある行動だったであろうか。その勇気ある愛の行為は心からの敬意と賞賛に値する。

実は、クエーカーの働きを広く知ってもらおうと思ったきっかけは、私の所属する東洋宣教会・北米ホーリネス教団自体が、二十世紀初頭に南カリフォルニアのホイティア市にあるフレンド教会で産声を上げていることに起因する。その創立当時の状況を調べている間に、フレンズがどれだけ日系人に尽くしてくれたのかを知ったのである。それは実に目を見張るばかりのすばらしい働きであった。

推薦のことば

東洋宣教会・北米ホーリネス教団教団委員長・山下ゲーリー

日系人の一人として私の最も心にかかることの一つは、私たちの文化遺産が日系人はもとより、私たちの文化に興味をもつ多くの人々に、うまく受け継がれていないのではないかという懸念である。

そのような中で杉村牧師が、私たち西海岸に住む日系人の太平洋戦争前後の混沌とした時期に、フレンド派の人々が、どんなにすばらしい援助の手を伸べてくれたかを取りまとめてくれたことに対して、心から感謝をする次第である。

私はフレンズが私の両親、祖父母たちをどのように助けてくれたのかを知って、心が熱くなるのを覚えるのである。同時に、私はフレンズがいかに大きな犠牲を払って日本人や日系人を助けてくれたかという事実に対して、まったく無知であった。そのことを、この本を読むことによって深く知らされたのである。このフレンズの愛の働きこそ、忘れてはならない日系人史の大切な一コマである。

（サンロレンゾ日系キリスト教会会員・経済学博士）

❖目次

❖本書は『静かなヒーローたち　一世紀にわたって、日系人を助けてくれたアメリカ人クエーカーたちの愛の記録』（杉村宰著、二〇一四年四月刊行、東洋宣教会・北米ホーリネス教団発行）をもとに、著者が加筆・修正を行い改訂新版とした。

本扉・表紙写真：カリフォルニア州のマンザナ強制収容所。夏の夕べ、収容された日系人たちが過ごすバラック住宅の街並みの様子。
撮影：ドロシア・ラング
Central Photographic File of the War Relocation Authority, between 1942–1945.
National Archives (210-G-C836)(PD)

一章　フレンズの賞賛すべき働き

フレンズのはじまり

まず、クエーカーの歴史をたどってみることによう。

クエーカー主義の始祖、イギリス人のジョージ・フォックスは一六四七年、ヨハネ福音書一章九節、「すべての人を照らすまことの光があって、世にきた」という聖書の言葉に導かれて、イングランドで彼の説く宗教運動、友会（Society of Friends）を興した。フォックス二十三歳の時である。彼らは霊的な神の力がほとばしることによって、時には感動のあまり震えることがあったので、人々はそんな彼らをクエーカー（震える者）と呼んだ。[6]

すなわち人は誰でも、イエス・キリストを信じる信仰によって救われることができるが、それは「内なる光り」という神の力が働いているからであり、それゆえ人間は、無限に尊く計りしれない可能性を持っているという。そのように彼らは、神を内的に直接体験しようとする信仰者のグループであり、その基本理念は、調和、簡素、平等、共同をモットーとする、正統的キリスト教プロテスタントの一派である。

そのような信仰から、彼らは暴力をもって問題を解決するのは神への冒とくであると考える。従って戦争は一切否定し、奴隷解放、刑務所改良、精神科病院の患者の生活改善などの人道的問題に率先してあたり、国内外においてもあらゆる奉仕活動をしてきたのである。

アメリカではクエーカー教徒のウィリアム・ペンによって開拓されたペンシルヴェニア州が、彼らの中心的な働きの担い手となり今日に至っている。彼らの信念の一つは奴隷解放であり、奴隷を所有しているクエーカーは十八世紀までに一人もいなくなったといわれる。また「地下鉄道」と呼ばれる秘かな救済活動によって、彼らの多くの家庭は南部から北部へ逃れる奴隷たちの隠れ家となった。「われらのモーゼ」と黒人から慕われた奴隷解放運動家、トマス・ガレットはおよそ二千七百人、「地下鉄道の大統領」とまでいわれたレヴィ・コフィンなどは、おおよそ三千人もの奴隷を脱走させたといわれる。

アメリカでは一九一六年から徴兵制度が導入されていたが、国内ではもともと南北戦争（一八六〇—一八六五年）当時から良心的兵役拒否が認められていた。各地のクエーカーたちは彼らの信条にのっとり、戦争反対の立場から兵役を拒否し、救済事業に携わることによって、軍隊勤務の代わりを務めるようになっていた。第二次世界大戦中、全米で一万二千人が兵役を拒否し、兵役の代替業務である市民公共サービスに従事している。[7] 今日、クエーカー教徒はアメリカに八万六千人、世界には三十六万人いる。アフリカでの成長が著しい。[8]

クエーカーには一八〇〇年から一九〇〇年初期にかけて幾つかの分裂があり、現在は四つの組織からなる。それらは社会改革に興味を持って不定期に集会するグループ、福音的で聖書を中心とした教会組織を持つグループ、伝統的クエーカーのしきたりを保持するグループ、そしてキリスト中心の正統派といわれるグループである。

アメリカが第一次世界大戦に参加して間もない一九一七年に、クエーカーは「アメリカ・フレンズ奉仕団」を結成、フランスの良心的戦争反対者を助け、救済事業に携わる人たちを海外に送り出す決断をした。これはそれぞれ前述の四つのグループから形成されていて、アメリカ国内では一九二〇年に奉仕事業がはじまった。

ドイツとの比較で知るフレンズの働き

さて、ここでフレンズの日本および日系人への貢献がどれほどすばらしいものであったかを、ノーベル平和賞を受賞したフレンズのドイツにおける働きとの比較で述べたいと思う。

アメリカとイギリスのフレンズは、クラレンス・ピケットをリーダーとする三年間の戦後ドイツ復興の功績に対して、一九四七年のノーベル平和賞を授与されている。

ナチス政権下（一九三三—一九四五年）にあったドイツのユダヤ人たちが、存亡の危機に直面していた時、フレンズは他の救済団体と協働して、一九三八年十二月から戦争勃発の翌年の九月までに、一万人近いユダヤ人孤児をドイツから救出しイギリスに搬送させている。そのためにゲシュタポに追われ、強制収容所に投げ込まれ、拷問され、射殺されたクエーカーは、終戦までに八十二人を数える。[9]

戦後のドイツ復興のために、アメリカとイギリスのフレンズは「フレンズ緊急部隊」（Friends Ambulance Unit: ＦＡＵ）を組織し、二百五十人からなるボランティアをドイツ各地に送った。さらには「フレンズ救済奉仕団」（Friends Relief Service: ＦＲＳ）というイギリスのフレンズを中心とした百人から百六十人に及ぶ部隊が、食糧や衣服の配給、戦災孤児の救済、高齢者の介護補助、そして日常生活に必要な援助に当った。この働きは多くの無名のボランティアによって支えられたものであった。

これらのフレンズのドイツでの働きに対して、ノーベル賞授賞委員のガンナー・ジャーンは、ノーベル平和賞授賞の理由を次のように語った。

「クエーカーたちは、私たちの心に深く根ざしている可能性というものを教えてくれました。それらは他者に対する思いやりであり、他者を助けようとする意欲であり、人種や国家を越えた人間の深い同情であり、平和維持の基盤をもたらす感性であります。このような理由から、今日ノーベル平和賞を授与します」[10]

この時はアメリカとイギリスのフレンズが同時に受賞している。特に彼らの和解活動、人的奉仕が評価されたからである。

しかし、日本と日系人に対するクエーカーの活動は、ドイツでの三年間の働きどころではない。彼らの働きは百年の長きにわたっている。

彼らの日本における具体的な働きは、一八九一年十月、中部地方を襲った濃尾地震の時の医療救済活動にはじまる。一九二三年の関東大震災では迅速な救援活動および多額の義援金がアメリカから送られた。さらには戦後六年間、通称「ララ」と呼ばれた「アジア救援公認連盟」(Licensed Agency for Relief in Asia: LARA)による日本への救援物資が調達配給されている。これがどれだけ戦後の食糧難にあった日本を支えたことか。日本人の六人に一人がその恩恵に与っているといわれ、その四分の一の援助がクエーカーによるものであった。

一方、アメリカにおいては、太平洋戦争勃発によって混迷の極みにあった若い日系二世約四千人に高等教育の機会をもたらし、奨学金も得られるようにした。また収監されていた日系人がそこから安心して希望する所に帰ることができるように取り計らった。日米間の戦争中にもかかわらず、強制収容所から解放される日系人のシェルターとして、百カ所にも及ぶホステルを諸関係団体の協力によって全米に開設し、総勢五千人ものケアをしている。それは彼らが職を見つけ安心して住める家を見つけるために、一時的に設けられたものである。最近の活動としては、戦時中に強制収容所に入れられた日系人への補償請求実現に尽力したことなどが挙げられる。

　これらの働きは太平洋を越えた愛の奉仕であり、しかも多くは戦時下や終戦直後のことであった。それだけに不安のどん底にあった日本や日系人を、どれだけ慰めてくれたことであろう。

　ところが、そのような働きをしてきたフレンズの人数たるや決して多くはない。アメリカ国内のプロテスタント教会の中でもまことに微々たるものである。

　戦争直前の一九三九年の統計を見ると、一千万人近くもの教会員を持つバプテスト教会の一%にも満たない、九万人弱というマイノリティー中のマイノリティーであり、プロテスタント教会全体から見ても、〇・二五%に過ぎない。[11] そのような状況を考慮してみると、彼らの貢献度はますます輝きを増してくる。

　そこで思う。フレンズの日本や日系人への貢献度は、彼らがかつてドイツでの献身的な働きによって受賞したノーベル平和賞以上のものであると。特に彼らの働きを知る日系人の中では、それらの愛の行為が、今もなお大きな感動をもって語られているのである。

そのようなフレンズの賞賛すべき働きを、この小著を通して日本人や日系人に知って欲しいと願っている。そこで、彼らが日本とアメリカにおいて、どのように貢献してきたのかを、地域的に、かつ時間的な順を追ってご紹介しよう。

二章　フレンズと日本

日本での教育活動のはじまり――新渡戸稲造と河井道

日本を代表的するクエーカー教徒といえば旧五千円紙幣で知られる新渡戸稲造である。彼は東大教授、東京女子大学長、そして国際連盟事務次長として活躍した。彼の妻メリー・エルキントンは、フィラデルフィアの敬虔なクエーカーであり、新渡戸はボルチモアのフレンド教会のメンバーであった。彼はその敬虔な信仰と優れた人格とをもって国際平和への貢献をし、〝太平洋の架け橋〟といわれた。著書『武士道』によって日本人の魂の有り様を海外に紹介するなど、多彩な活動を展開した。一九三三年、カナダで開催された太平洋問題調査会（Institute of Pacific Relations: ＩＰＲ）第五回バンフ会議に日本代表として参加したが、その直後に病没している。七十一歳であった。[12]

新渡戸稲造の影響を受けた人物には、敗戦直後の日本の教育界を復興に導いた人々が多かった。教育基本法の産みの親である教育刷新委員会の委員三十八人中、前田多門、安部能成《よししげ》、南原繁、天野貞祐、森戸辰夫、河井道らがそうである。新渡戸稲造の人格論と信仰的基盤を身につけた人々が、敗戦で傷ついた日本の教育を救ったといえる。[13]

その一人、河井道が札幌のスミス女学校（後の北星女学校）の生徒であった時、新渡戸は歴史学の先生だった。河井も敬虔なクエーカーであり、ペンシルベニア州のクエーカー派のブリンマー大学で学んでいる。帰国後「日本キリスト教女子青年会」（Young Women's Christian Association：ＹＷＣＡ）の創設に尽力して一九〇五年、最初の日本人総幹事となった。また一九二九年には東京・牛込にキリスト教主義の恵泉女学園を創設している。

河井は、ダグラス・マッカーサー連合軍総司令官の高級副官でありクエーカーとして新渡戸稲造の愛弟子であったボナ・フェラーズと旧交があった。彼の信任を得ていたこともあり、昭和天皇の訴追回避に直接かかわり、天皇は不起訴にすべし、という彼女の意見が元帥の決断を大きく左右することになったともいわれる。[14]一九七一年、日本政府はボナ・フェラーズに天皇を戦犯から救っ

1933年の新渡戸稲造
出典：普連土学園（東京）『普連土学園100年のあゆみ』（1987年）より

戦前の河井道
出典：河井道『わたしのランターン』（1968年［1939年初版の改訂新訳版］、新教出版社）より

た大恩人として、勲二等瑞宝章を授与している。[15]

河井についての逸話がある。ルーズヴェルト大統領が亡くなった一九四五年四月のこと、恵泉女学園の生徒たちは大統領が亡くなったので、まもなく戦争が終わるかもしれないと思い、単純に「ワーイ」と叫んで喜んだ。ところが河井は全校生徒を集めて、

「ルーズヴェルトは小児麻痺の後遺症を持ちながら、努力して大統領になったすばらしい人です。そのような指導者を失ったアメリカに哀悼の意を表しましょう」[16]

と言って、偉大な指導者の死を悼んだのである。戦争当時の日本で、敵国アメリカの大統領の死を悼んだ人物がいたということは、さすが武士道を世界に紹介した新渡戸稲造の愛弟子の一人であったことを思わされて感慨深い。[17]

著者の私がカリフォルニアのサンノゼ州立大学での学びを終えた一九七五年の夏、グレイハウンド・バスを乗り継いで、初めてカナダのヴァンクーバー市を訪れた時であった。市内のブリティッシュ・コロンビア大学を散策している時に、「新渡戸庭園」に出くわしたのである。私にはなぜ彼の名の付く庭園がそこにあるのかと驚き、不思議に思った。新渡戸の出生地の盛岡を中心とする南部藩は私の出生地の近くで

もあったので、彼の名前はよく聞かされてはいた。だが、そのような庭園との出合いが、実はクエーカーに関心を抱くそもそものきっかけであったのだと、今にして思う。

東京・三田にある普連土《ふれんど》学園は、一八八七年にジョーゼフ・コサンド夫妻によって、普連土女学校として開校された。学園の日本進出のためにコサンド夫妻は一八八五年頃、アメリカ訪問中の新渡戸稲造や内村鑑三らに相談している。[18] ちなみに普連土学園と改称されたのは一九四七年のことである。

当初、彼ら夫妻は徳川幕府の幕引きとなった重鎮、勝海舟の屋敷内に住まいを得て、そこで家庭集会を開いている。在京の外国人や日本最初の女子海外留学生としてアメリカに学び、後に津田塾大学を創設した津田梅子の父である津田仙や、勝海舟一家などに伝道している。日本基督教団赤坂教会の現在の教会堂は勝海舟の屋敷跡に建てられていて、勝はその死の床でイエス・キリストを救い主として告白している。[19]

津田梅子はかつて留学していたクエーカーのブリンマー大学での学び（一八八九―一八九二年）がすばらしかったので、後輩の女子教育のために留学資金を募った。その募金によって学ぶチャンスが与えられた一人に河井道であった。[20]

普連土学園はすでに百二十年以上の歴史があり、戦時中は空襲によって全焼するという憂き目にも遭っているが、戦後、理事長として就任した澤田節蔵は、米のクエーカーで教師として赴任していたエスター・ローズ（128頁参照）やエリザベス・ヴァイニング（123頁参照）らと共に、普連土女学校再建に尽力した。ちなみに澤田は国際連盟最後の事務局長であった。

当初三人ではじめられた普連土女学校は現在、中・高校合わせて八百人の生徒を擁するまでになっていて、日本でも有数の伝統ある女子教育機関である。[21]

戦前の日本での救援活動

クエーカーによる最初の支援活動は、一八九一年十月二十八日の濃尾地震にはじまる。この時の死傷者は一万八千人であった。クエーカー教徒で眼科・内科の専門病院として一八八六年に、勝海舟の屋敷内に赤坂病院[22]を創立したウィリー・ホイットニー医師は、その病院職員を救済医療団として編成し、被災地に派遣している。[23]

この機敏な救済活動に接した外国人嫌いのキリスト教界の長老、植村正久牧師は「感銘を受けた」

と後に記しているが[24]、外国人による救援活動に初めて接したからであろう。ホイットニーは仕事のかたわら、サンデー・スクールをはじめ、路傍伝道をするという信仰熱心な人物であった。寒い夜、人力車の車夫に温かいおでんを作って上げたり、それを配りながら伝道して歩いたという。彼は誰からともなく「赤坂の聖者」といわれるようになった。[25] なお、ホイットニーは東京大学医学部に入学した最初のアメリカ人学生である。

文人の北村透谷はキリスト教に入信し、一八九〇年から普連土女学校に勤め、二年後にジョーゼフ・コサンドが休暇で帰国するまで教えた。この頃、彼は生活がやっと安定し、著作活動に入っている。その陰にはホイットニーらの後ろ盾があった。[26]

濃尾地震から三十一年経った一九二三年九月一日、日本は関東大震災に見舞われた。七万七千人が死亡、五万五千人が行方不明、三十万人が負傷している。世界中から救援物資が届いたが、中でも中国からのものが速かった。アメリカは金品の援助に留まらず、海兵隊まで出して道路の整備や大型トラックでの物資の輸送、さらには医師や看護婦も派遣し、負傷者の治療看護に当たった。[27]

被災者救済のためにフレンズは、新しい人員を集めて状況視察をする代わりに、すでにトーマス・ジョーンズ[28]によって学生たちを中心に組織されていた「ヤング・フレンズ」を「日本友会（フレンズ）奉仕団」として再編し当たらせた。それは日本人八人、アメリカ人二人からなる委員会で、救援資金が手渡されると、さっそく活動をはじめたのだった。

アメリカ・フレンズ奉仕団が援助の意図を公表する以前から、その事務所には資金がぞくぞくと集まった。その委員の一人としてエスター・ローズも単身、交通機関の不便を押して急きょ休養先の長野県の軽井沢から帰京し、直接、被災者の救援活動に当たった。

アメリカのフレンズ奉仕団からは三度にわたって援助金が届き、九月二十六日にそれに対する礼状が、ジョーンズから出されている。それには震災によってどのような被害に遭ったのか、アメリカ人同胞はどうだったのか、朝鮮半島から来ている人たちへの暴行はどうだったのかなどと、実に詳しく報告されている。アメリカ大使館や日本赤十字社も、フレンズの貢献に対して心から感謝していることが、その礼状に記されている。[29]

なおアメリカへの礼状には、慶応大学経済学部のレターヘッドが使われている。震災直後、東京・三田の同大学の新しい男子寮が被災者のために開放されていた。そうした状況下、アメリカに報告するにも適切な文具類に事欠き、同大学寮を使わせてもらっていたこともあり、簡便にその大学のレターヘッドを使ったのであろう。当時の喧騒な様子がそれからも伺われる。[30]

ハーバート・ニコルソン宣教師（34頁参照）は地震発生当時、軽井沢にいたので、ガーニー・ビンフォード宣教師と一緒に、サイドカーに詰めるだけの救援物資を載せて東京に出かけ、様々な手助けをした。[31]

リーダーのジョーンズは、身寄りのない人たちのために役所から材木を手に入れ、芝公園にバラック建ての仮宿舎を二十八軒建てた。[32] これは非常に成功したプロジェクトで、後に荻窪に移されて、一九三二年まで用いられている。

また深川不動公園内に救護所を建て「深川友愛園」と称して活動した。それは当時の震災で初めて立てられたテントの救護所で、被災者のために風呂などを用意したものであった。日暮里では八百人分のシェルターを用意し、東京府（一九三三年に東京都と改称）から供給された二千人分の米を炊き出している。

その他にも横浜に、幼子たちのために「ミルク・ステーション」を作ったり、市の関係者と共に清掃事業に当たったり、赤坂病院の岡村医師夫妻を通して、最初の三週間に八百人にも及ぶ負傷者の手当てをしている。

衣類その他多くの救援物資に加えて、十万ドル以上の義援金がフレンズ奉仕団から送られ、何万人という避難民を助けることができた。[33] その過程で日本のフレンズ奉仕団は、建築や修復をするにしても府や市の許可を得るのに時間がかかり、多くの人たちが路頭に迷った様子をアメリカの本部に報告している。

関東大震災では、普連土女学校も宣教師館にも被害はなかったが、番町にあった津田塾大学の前身、津田英学塾が全壊した。この時の復興を助けたのが、一八八六年にフィラデルフィアから医師として来日していたクエーカーのヘンリー・ハーツホンの娘アナで、アメリカに帰って五万ドルを集めてきて、計画通り現在の小平市鷹の台に土地を購入して、校舎を建てている。

普連土女学校の四十ないし五十人の生徒たちは、寒さの厳しくなる季節でもあり、被災者のために外套などの衣類を縫製している。水戸や土浦でも同様に、被災者救援のために募金や衣類収集などをして救助活動に携わった。

戦後の日本への復興援助活動

「山羊《やぎ》のおじさん」ハーバート・ニコルソン

ハーバート・V・ニコルソン宣教師ほど日系人社会で広く知られ、親しまれたアメリカ人はいないのではなかろうか。ここに改めて彼の人となりについて記そう。彼の戦時中の働きについては後述の「強制収容された日系人への救援活動」(89頁)に記している。

ニコルソンは一八九二年一月、ニューヨーク州ロチェスターに生まれた。両親がクエーカーであったことから、その関連の学校で教育を受け、大学もフィラデルフィアにあるクエーカー系のハヴァフォードで学んだ。一九一五年一月に大衆伝道者ビリー・サンデーがフィラデルフィアで九週間の集会を開いた時に、彼は日本宣教への導きを確信している。

彼は一九一五年に初めて日本に渡り、妻のマデリンと共に茨城県水戸市を中心に伝道活動をしていたが、日米間に戦雲が立ち込めるようになったので、二十五年の宣教活動を終えて一九四〇年にパサデナに戻った。彼は翌年からウェスト・ロサンゼルス日本人メソジスト教会の牧師として赴任するが、その年の暮れに日本軍が真珠湾を攻撃し、急きょ日系人救済のために東奔西走することになったのである。

戦後の一九四七年、ブレザレン教会主催の「ハイファー・プロジェクト」(山羊搬送計画)と「ララ」(アジア救援公認連盟)、フレンズそして全米の諸教会との共催で、日本各地に山羊を送るという計画があり、ニコルソンはこれに志願し、二百頭を沖縄に運んでいる。

彼は沖縄のどこででも、

「日本人を苦しめるようなことをしたアメリカ人の罪を許して欲しい」と語った。[34] 広島でも、原爆投下を謝罪した最初のアメリカ人となった。[35]

翌年には二百五十頭の山羊を日本に運んだ。結局このプロジェクト全体で、五千頭もの山羊を沖縄と日本に送ることができた。その働きは日本の小学校五年生の国語の教科書にまで載り、「山羊のおじさん」として知られるようになった。[36]

一九五〇年、ニコルソンが「世界伝道クルセード」（World Evangelical Crusade：ＷＥＣ）の計らいで日本を訪問する際、ロサンゼルス貿易振興会は彼のために晩餐会を催し、四千ドルを贈呈している。彼はＷＥＣの日本本部を設立後、サナトリウム、刑務所、ハンセン病施設を訪問し、さらに水戸市を中心に養老施設の建設に携わった。日本での滞在は三十五年にも及び、一九六一年にパサデナに帰還している。

ニコルソンの日系人に対する功績に対して「全米日系市民協会」（Japanese American Citizens League：ＪＡＣＬ）は一九六三年に感謝を表している。また彼はその年に日本各地の二百六十五の学校で講演している。一九七二年からはロサンゼルスにある「日系人福音宣教協力会」（Japanese Evangelistic Missionary Society：ＪＥＭＳ）のスタッフとなって日系人伝道に携わり、病院や老人ホームなどを訪問した。

一九八三年六月、パサデナ近郊アルタデナの聖ルカ病院で、九十一年の生涯を閉じ、ロサンゼルスのリトル東京にある合同教会で告別式がもたれた。特に戦中の日系人や戦後の荒廃した日本を励まし続けてくれたその働きは、どれだけ多くの人々の心に生きる希望をもたらしてくれたことであろう。彼こそは日本人や日系人のヒーローの一人である。

私は個人的にニコルソン宣教師とお会いしたことはない。彼の名前は知っていていても直接の面識はなかったのだが、一度だけ私が牧会していたロサンゼルス近郊の東

1949年のハーバート・ニコルソン
写真:Herbert Samuel Nicholson

洋宣教会・サンファナンド・ヴァレー・ホーリネス教会の礼拝に来られたことがあった。ご高齢の白人が礼拝の途中に入って来て、礼拝が終わると同時に帰られた。私はその方が誰なのか知らなかったが、後で教会員から、「先の方はニコルソン先生でした」と知らされた。せめて一言でもご挨拶をしていただけたら良かったものをと、今にして悔やまれるのである。

ララ救援物資

「ララ」は「アジア救援公認連盟」の頭文字〝LARA〟の呼称である。太平洋戦争終了直後の日本人一千四百万人がこの「ララ」の運動とその救援物資の恩恵に与ったといわれる。これは日本人の六人に一人の割合である。[37]

この運動は、後の同志社大学総長であり、国際基督教大学の初代学長となった湯浅八郎などニューヨーク在住の日系人九人が、日本救援の準備のために有志懇談会開催を呼びかけるところからはじまった。太平洋戦争の正式終了日（一九四五年九月二日のこの日、東京湾上の戦艦ミズーリ号で日本降伏調印式が行われた）から三日後の、九月五日のことである。[38]湯浅は一九三九年にアメリカに渡り、全米各地で宣教講演活動を続けている間に太平洋戦争が勃発し、そのまま戦時中もアメリカに残ったのだった。その間、キャンプに収容されている日系人や各地に散在している在留邦人を激励して回り、終戦後、日本に戻ったが、その働きは荒廃しきった祖国を思う一心から出たものであった。

同じころ、サンフランシスコでも『日米時事』紙創設者、浅野七之助（136頁参照）らによって母国救援が訴えられていた。彼はトパーズ強制収容所から帰って間もない一九四五年九月から、日本難民救済会を組織し、アメリカ大統領管轄下にあった救済統制委員会に認可を申請、翌一九四六年六月に、フレンズのエスター・ローズの尽力で、やっと認可にこぎつけたのだった。やがて日本救済の声はアメリカ合衆国に限らず、メキシコ、南アメリカにも及ぶ一大運動となってゆく。

ララ救援物資を満載した第一船「ハワード・スタンベリー号」が横浜港に入港したのは一九四六年十一月であった。[39]それから一九五二年十一月一日までの六年間、この働きが続けられることになる。

参加数は十三団体で、アメリカ労働総同盟、アメリカ・フレンズ奉仕団、カトリック戦時救済奉仕団、クリスチャン・サイエンス奉仕委員会、ブレザレン奉仕会、教会世界奉仕団、アメリカ・ガール・スカウト、ルーテル教会世界救援団、メノナイト中央委員会、救世軍、アメリカＹＭＣＡ、アメリカＹＷＣＡ、ユニテリアン奉仕委員会である。

ちなみにエスター・ローズの実弟、ジョナサン・ローズ博士もユニテリアンの医療チームのメンバーとして一九五二年、日本で活躍している。彼はペンシルヴェニア大学の名誉教務部長であり、静脈栄養部門の開発者としての業績で知られている。

百万人のアメリカ人を動員し、集めた物資の二〇%は日系人によるものとされ、アメリカ・フレンズ奉仕団のそれは二五%といわれている。[40]ララ物資の輸送船の費用は当初、アメリカ政府が負担し、一九五一年八月からは日本政府が負担した。[41]

その救済品目は米、麦、小麦、バター、缶詰、砂糖、粉ミルク、衣類、薬品、石鹸などで、児童施設、病院、保健所など全国各地の施設、療養所、学校に送られた。特に学校給食の脱脂粉乳は一九四六年十二月、試験的に東京・永田町の小学校で用いられたのがはじまりとされるが、その後、全国でくまなく脱脂粉乳の給食が行われた。

戦後直後の困窮に遭った人たちは、「ララ」のお陰でどれだけ励まされ、助けられたか分からない。その救援状況を浅野は『日米時事』で、「続けよう救済、増やせよ義援金」というスローガンで、在米日系人に訴えたのだった。

著者の奉職しているオレンジ郡教会の英語部の牧師が、ある時、次のように証されたことがある。「私がまだ広島で小学生だったころ、粉ミルクがドラム缶で届いたことがあった。その時に、担当教師は次のように言ったのである。〈これはマッカーサー元帥から皆さんへの愛の贈り物です〉と。その時から私はマッカーサー元帥に対して尊敬を抱くようになったものです」。これはララ物資の一つである。

ララ日本駐在代表は前述のエスター・ローズであり、開戦前に休暇でアメリカに戻り、開戦で日本に戻れず、終戦後に再び日本に戻り日本救済のための任についた。またその委員の一人も前述の澤田節蔵であった。他に三人のララ委員がそれを取りまとめ、配給状況を逐次報告し、物資の不正や紛失も一つとしてないように細心の注意と努力が払われた。

一九四九年四月二十八日に、衆議院は在米日系人と「ララ」に対する感謝決議を満場一致で可決した。『日米時事』がそれを日系人に伝えている。[42]

同年に皇后陛下は次の一首を寄せられている。

ラ・ラのしな　つまれたる見て　とつくにの　あつきこころに　涙こぼしつ[43]

〝ララ救援物資が、海外から大量に送られてきた。それは外国にあって、祖国を思う熱い心からであり、涙があふれるのを抑えることができないほどに感謝なことだ〟という意味である。

一九五〇年にはマッカーサー連合軍総司令官も内外の記者会見を通じて、「ララ物資こそ日本再建に必要」だとして、この運動の重要性を強調した。ローズ宛に送られたその文面を紹介しよう。

「私はアメリカ人として、成果を収めたララ救済運動を誇りとするものである。貴官を通じてアメリカ、ブラジル、ペルー、メキシコの在留邦人が、貧しい中にも各人の持ち場を得て民主主義精神を発揮したのである。この三年間、貴官は日本政府と緊密に連絡をとり、日本国民の保健向上を図り、特に児童救済の成果は目を見張るものがあった。救済品分配方法においても、不公平なところがなく、徳性と博愛主義を発揮した。日本に送られた救済品は、約六百五十万ドルと推定されるが、これは日本国民の新しい生活への更生に大いに役立つものであったと確信する。救済事業の進展に伴い、四月一日を期して全責任を日本政府にとらせることになったが、今後は、日本政府と緊密な連絡をとり、救済運動を継続することを希望する。必ずや円滑に処理し得るものと信ずる」[44]

このララ物資は世界の人たちの心のこもったささげ物であり、在米日系人の祖国愛からはじまったものである。この運動が発展的解消になった要因の一つは、日本の独立を約束する一九五一年九月三日の「サンフランシスコ講和会議」の開催であった。

戦後の日本が、どのように生きたら良いか分からないという暗たんとした中で、湯浅八郎や浅野七之助などの祖国愛が、この「ララ」というかたちで華を咲かせたのである。それに呼応したのが、アメリカ人であり、在米日系人であり、そしてフレンズであった。

一九九六年十一月二十五日には、当時の救援活動にかかわった人々への感謝を示そうと「ララ物資五十年感謝の集い」が東京で開催され、全国社会福祉協議会が中心となり、十三団体関係者やその遺族が招待されている。

当時、千葉県市川市にある国府台聖愛乳児園長で八十四歳になる斉藤ヒデという女性が、その「ララ」の集いで語った内容が左記のものである。

「当時、洗濯済みの衣類、おむつや野菜、医療品などを頂いて大変ありがたかった。その薬品で結核や赤痢が治った。これまでララの皆さんへの感謝を忘れたことはなかったが、今後私たちは、アジアの子どもたちに健康な微笑が浮かぶように助けていきたい」[45]

受けた恩は次の国へという思いほど、「ララ」をはじめた人たちや、彼らと共に愛の手を差し伸べてくれた人々を喜ばせたコメントはあるまい。

シュモーの「ハウス・フォー・ヒロシマ」

フロイド・シュモーは一八九五年にカンサス州に生まれた。西海岸のフレンズでは「伝説の人」といわれるまでにその名を知られた人物である。クエーカーの学生たちの交わりのためにグループを創設し、平和、環境保全を訴えた哲学者でもあった。彼はワシントン州レニア山国立公園初のレンジャーでもあり、ワシントン大学やニューヨークのシラキウス大学などで森林学、海洋生物学を講じる学者でもあり、十五冊もの著書がある。

一九四二年、シュモーは初めてシアトルに設立されたアメリカ・フレンズ奉仕団の最高責任者に就任した。日系人が強制収容されている時も、ニコルソン宣教師と共に、日系人を訪問しては彼らを励ましている。特に西海岸北部の収容所を頻繁に訪問し、その状況を本部に報告しては、日系人に対する関心を広めている。

一九四二年のフレンズ・ジャーナルに載ったシュモーの言葉を紹介する。

「私たちはこれらの収容所を世界で一番立派にすることができるとしても、彼らはしょせん収容所の中だ。希望は外にあって中ではない。彼らは私たちに助けを求めてくるが、私たちの仕事は彼らをできるだけ多く、収容所の外に連れ出すことである。もし、戦争が終わっても、まだ依然としてこのまま収容所に残っている人が多くいるとしたら、私たちは失敗したことになる。もし、これが空になっていたら、問題を解決する糸口があったということになるが、まだ、それは見えていない」[46]

この文面からシュモーの日系人に対するほとばしる愛が見えてくる。また彼はフレンズを組織して、強制収容所からベインブリッジ・アイランド（ワシントン州シアトル市から八マイルほど沖合にある島で、一九四二年四月一日、強制立ち退き令第一号が発令され、マンザナ収容所に最初に入所した人たちが住んでいた）に帰還した日系人のために、荒れ放題となっていたイチゴ畑を、再び掘り起こして収穫できるように援助の手を差し伸べてくれた。

広島や長崎に原爆が投下された時、フレンズ代表のクラレンス・ピケットほど、アメリカ政府に対して激しい批判の声を上げた人物は他にいないといわれる。ルツ、フロイド・シュモー夫妻も同様の悲憤を覚えていた。[47]そこで彼らは広島の住民のために何かをしなければと考えはじめたのであった。すべてのアメリカ人が原爆を落とすような人たちではないことを、知ってもらいたかったからである。その時、心に浮かんできたのが、この手で広島の被爆者のために住む家を建てようという考えだった。

彼はすぐにも日本に行かなければならないと思い、アメリカ・フレンズ奉仕団に談判したのだが、良い返事がなかった。フレンズとしては個人を送ることにためらいを覚えたからであった。それに、その頃のフレンズ奉仕団はユダヤ人救済に深くかかわっていて、資金的にも人材の点においても、とても日本に援助の手を差し伸べられる状況ではなかった。しかし彼は、ナチス・ドイツのユダヤ人虐殺にも匹敵する、原爆投下という許しがたいアメリカの蛮行を償いたいと思い、自分ひとりでもいいから何とかしようと考えた。

一九四八年の夏、日本援助の一つ「ハイファー・プロジェクト」として山羊を二百五十頭送るという手段を通して、まず日本に行くことにした。日本の人たちがどのように生活をしているのかを、見ようと思ったのである。

その被爆者の家を建てるプロジェクトに対して、マッカーサー司令官の許可を得、さらには当時、皇太子殿下の英語家庭教師であったエリザベス・ヴァイニングを通して、天皇陛下からの感謝状を得ることにより、そのプロジェクトが広島市民の快諾を得ることになった。さらには濱井信三広島市長の理解もあって、住宅建設がスムーズに進んだ。一人の財力ではできないことだったので、彼はアメリカ在住の友人たちに、その必要を募り、地元の広島の人たちも手伝って、一九五四年まで毎年のように広島を訪れては、次々と建築を進めて、二十一軒もの住宅を建設したのだった。時にはアメリカから建築士を同行したり、日系二世牧師も連れてゆき、この建設プロジェクトを広くアメリカ社会にもかかわってもらうようにしたのである。

そのようなシュモー夫妻の犠牲的な愛の行為に対して、昭和天皇から叙勲があった。また朝鮮動乱のあった韓国でも同様な働きをしていて、一九六六年に彼は「ノーベル平和賞」の受賞候補にも上っている。[48]

フロイド・シュモー
写真：普連土学園（東京）

彼は百五歳まで生きた。二〇〇一年四月にワシントン州のケンモアで召されている。

二〇一二年秋には、広島平和記念資料館の付属展示施設として、シュモー・ハウスが誕生した。そこには原爆投下で壊滅状態になった広島に、戦後差し伸べられた海外からの支援の資料が展示されている。それは彼の建てた二十一軒の住宅の中で、唯一残っていた建物を補修、移転、改築したものである。[49]

原爆乙女

一九四五年八月六日の朝、アメリカ軍爆撃機Ｂ29によって広島に一発の原爆が投下された。これによって一〇万人近い人々が一瞬にしてその尊い命を失った。しかし、原爆によって生き延びはしたが、致命的な傷跡を顔や腕に残して生きなければならない人たちも少なからずいたのである。彼らは社会に出られず、日陰での生活を強いられていた。原爆による火傷のために顔面や腕がケロイド状になり、人前に出ることを恥じたからである。そこで整形手術をしなければならなかったのだが、それは自費であった。特に若い人たちには、その余裕がなく、手術をしたとしても長期にわたり、経済的にも長続きはしなかった。橘《たちばな》美才子《みさこ》もその一人であった。

彼女は原爆投下のその日、広島女子商業学校の生徒で十三歳であった。作業の時間に被爆し、顔と左手に醜いケロイドの捺印を押されたのだった。彼女の町内から一、二年生合わせて九人がその学校に通っていたのだが、生き残ったのは彼女一人だけであった。半年振りで復学はしたものの、ケロイドの顔で通学するのは苦痛であった。冬はマスクをし、夏にはハンカチで左口横のケロイドを隠し、人目を気にしなければならなかった。幸いにも学校は卒業したが、家に閉じこもるようになり、何度も自殺を考えていた。

一九五四年、彼女は助役の勧めで市役所に仕事を得て出勤するようになった。しかし、出勤時には顔のケロイドを化粧で少し隠すことはできたが、醜い左手だけは毎日包帯をして出かけなければならなかった。

一九五五年、何度か整形手術を担当してくれた医師から朗報が届いた。それは二十五人の若い女性がアメリカでケロイド除去の整形手術が受けられるというものであり、手術代はもちろん、旅費から滞在費まで全額アメリカ側が出すというものだった。その人選のために広島市民病院に来てみないかというのである。

そのプロジェクトの提唱者はノーマン・カズンズである。彼はジャーナリストであり、ニューヨーク・イブニング・ポスト紙の敏腕編集者としてその名を馳せていた。特に原爆投下に対して彼は、アメリカ人として大きな罪意識を感じていた。その彼と共にニューヨーク市のマウント・サイナイ病院から著名な外科医のアーサー・バースキー、内科医のウィリアム・ヒッチグ、そしてヒッチグ博士の娘のケラーと数人の広島の外科医が立会人となって、広島市民病院で四日間の原爆被爆者の診察が行われ、橘美才子もその一人に選ばれたのだった。原爆投下からちょうど十年目のことであり、一行は一九五五年五月五日、アメリカの軍用機で山口県の岩国基地から飛び立ったのである。

これは提唱者のノーマン・カズンズをはじめとするユダヤ系アメリカ人と、アメリカ・フレンズ奉仕団の援助によるものであった。彼女たちはまずフィラデルフィア郊外にあるクエーカー教徒の教育と黙想の施設、ペンドル・ヒルの寄宿舎に落ち着き、そこの学生たちと一緒に二週間、アメリカ生活のイロハを習うことになった。さらにはニューヨーク市マンハッタンにあるマウント・サイナイ病院まで二十マイル以内にあって、通院可能なクエーカー教徒の家庭に二人ずつホーム・ステイして、治療に専念することになった（二十五人の訪米した女性の中には麻酔治療中に亡くなった人もいる）。

一年半にわたり、十軒のクエーカー教徒のホーム・ステイ先を転々としたが、それは実に親切極まる日々であった。彼らの真実な愛こそが彼女たちの心を癒し、それによって自立して社会に出ようという勇気が与えられたのだった。橘美才子は、

「フレンズの最も大きな貢献は、心の病を癒してくれたことだった」

と言う。[50]

三章　フレンズと日系人

日系人への迫害と伝道活動のはじまり

米国フレンズの日系人伝道について触れてみよう。それはカリフォルニアからはじまるが、その前に当地での日系人への迫害が、どのようなものであったのかを簡潔に述べてみる。

カリフォルニアでは十九世紀末からくすぶりかけていた日本人に対する排斥が、二十世紀初頭に表面化した。日本人最初の海外移民は一八六八年のハワイにはじまる。ところが、一八八七年に入ってハワイの経済状況が悪化し、それまで砂糖キビ栽培などの契約移民であった日本人労働者が解雇されることになった。それに日露戦争（一九〇四―一九〇五年）当時の不況と海外渡航熱の上昇もあり、一八九八年にハワイがアメリカに併合されたことも相まって、戦争前後の六年間（一九〇一年末―一九〇七年二月）でハワイからアメリカ大陸転航者が五万七千人にも上った。本土での労賃がハワイのそれの二倍以上あり、[51] また本土の人手不足も相まって関係業者が盛んに日本人労働者を勧誘したため、大挙して本土に移住したのだった。[52]

一九〇〇年当時、ハワイの日本人人口は一時期、総人口の六〇％近くにも及び、日本人の産出するハワイのＧＮＰは九〇％にも達していた。彼らはやがてカリフォルニアの農業、特に野菜の独占的市場を獲得するに至るが、それはハワイにおいてすでに実証済みであった。カリフォルニア住民にとって、日本人は脅威となりつつあったのである。[53]

さらには粗末な服装やマナーの低劣さ、子だくさん、農園や土木工事の労賃低下などが、排日の声の火の手があがる要因となった。[54] このために一九〇七年二月、アメリカ上院は「移民法」を通過させ日本人がハワイから渡航することを禁止した。その翌年に日本はアメリカと「紳士協定」を結び、自主的に移民を制限したのだった。

また日露戦争当時の一九〇五年、日米共同で南満州の鉄道経営に当ろう、という覚書が作成されていたにもかかわらず、それを日本側が反故にしたことで、アメリカが日本とのかかわりに嫌悪感を覚えたことも、日系人迫害の要因の一つとされる。[55]

フレンズは差別と排斥の中にあった日系人社会に大きな関心を寄せていた。彼らのカリフォルニアでの日系人へのかかわりは、一九〇五年のバークレーでの伝道活動にはじまる。英語やアメリカの習慣を教えるためにクラスを開き、それを通して伝道しようというものであり、最初は二十数人集まった。

一方、南カリフォルニアでのフレンズによる日系人伝道は、一九〇八年にはじまった。その発端となったのが、ホイティア市にあるフレンド教会である。この教会は一八八七年にパサデナでの集会が基盤となってはじまったものであり[56]、その群れは一九一六年に千二百人もの会員を擁するまでに成長し、フレンズとしては全米で最大の礼拝出席者を数えた。[57]

このホイティア教会は日本人伝道に意欲的であった。そのために、一九〇七年にクエーカーの日本代表として渡米した木田文治に、日系人伝道を要請した。[58] 彼の快諾を得て、教会は翌年フレンズの巡回教師として彼を任命した。やがて木田の後継者として高田松太郎、中田羽後と続いたが、中田の聖書講義が日本人青年たちの心を奮い立たせ、ついに信仰のリバイバルが起こったのである。それは一九二〇年暮れのことであった。もともと木田にはじまる聖書の教えはホーリネス信仰だったため[59]、自我に目覚めて信仰が覚醒され、青年たちの心は燃やされたのであった。

翌年の一九二一年四月、青年たちは東洋宣教会・羅府（ロサンゼルス）ホーリネス教会という看板を、南ハリウッドにある東洋宣教会のオフィスに隣接したトリニティー教会に掲げた。東洋宣教会・北米ホーリネス教団の誕生である。現在では約二千五百人の教会員を擁するまでに成長し、北米日系人教会としては最大の群れになっている。

もし、フレンズが日系人に援助の手を差し伸べていなかったら、今の北米ホーリネス教団は存在していない。日系人に対する排斥と差別の厳しくなる中で、彼らから受ける愛と励ましはどれほど大きかったことか、計りしれないものがある。[60]

日系人とかかわった要因

さて、キリスト教界ではマイノリティーのフレンズが、他の諸団体に先駆けて、なぜリーダーシップを奮って、日本での救援活動や日系人救済に立ち上がることができたのであろうか。その要因を述べてみたい。

一九二九年に始まった世界大恐慌により、アメリカ国内では仕事がなく、石炭採掘もできず、労働者は赤貧にあえいでいた。彼らを救済するために、フランクリン・ルーズヴェルト大統領は「ニューデール政策」を打ち出した。[61] さらにエレノア・ルーズヴェルト大統領夫人自身も、ファースト・レディーとしてアメリカの政策に深く関与していた。

当時のフレンズの指導者クラレンス・ピケット（68頁参照）は労働者と深くかかわり、彼らの状況を良く知っていたこともあり、大統領夫人はピケットやフレンズ関係者たちとの親交を深め、信任するようになっていた。[62] そのようなことから、ピケットのホワイトハウス訪問は、ルーズヴェルト大統領の就任期間だけでも百五十回以上に及んだ。[63]

ピケットはまた、一九三三年二月以来、クエーカー教徒であったハーバート・フーヴァー大統領

（当時、彼は現職の大統領で、後任がルーズヴェルト大統領）とも三十年来の親交があり、ホワイトハウスに招待されたり、大統領自身が彼と一緒にフレンズの集会に出席している。こうした事実が、フレンズがクリスチャンとしては少数派でありながら、ホワイトハウスと深くかかわる要因となった。

では、日系人とのかかわりが生まれたのはなぜかと言うと、そこにはピケット個人の思い入れがある。彼の姉ミニーが東京・三田の普連土女学校の教師として五年間遣わされていたこと、また彼女がクエーカー宣教師のギルバート・ボールズと結婚して、日本で宣教活動をしていたこと、それにミニーや母から日本で宣教することを勧められていたことも相まって、彼自身も日本宣教への夢に燃えていたことなどが挙げられる。[64]

当初、ピケット夫人リリーが日本宣教に導きを感じていなかったこともあり、ピケットの思いは実現には至らなかった。[65] しかし時代は予期せぬ展開をはじめる。日米戦争が勃発し、日系人が強制収容されるという事態になった。そこで彼は押し出されるようにして、日系人とかかわるようになったのである。[66]

戦争勃発による日系人の動向

一九四一年十二月七日、日本帝国海軍はハワイ真珠湾を攻撃、それによって二千四百三人もの犠牲者が出た。[67]そこでアメリカは翌日、日本に宣戦布告した。その日だけで七百三十六人もの日本人が一斉検挙されたが、それらの人たちの多くは元日本軍軍人、日本人会や日本語学校関係者という日系人社会の中枢を担う人物たちであり、あるいはまたカリフォルニア州サンペドロ湾内にあるターミナル・アイランド在住者たちであった。その数は二月中旬までに本土、ハワイも含めて三千七十一人にまで膨れ上がっていた。彼らは中西部にある八カ所の戦時抑留所に入れられ、司法省の管轄下に置かれた。アメリカ在住日系人の悲劇のはじまりであった。

枢軸国といわれるドイツ、イタリアそして日本のカリフォルニア州在留者は、それぞれ二万二千人、五万八千人、そして四万一千人であった。彼らの多くは戦略要地に隣接した主要都市、またはその近郊に住んでいた。だがアメリカにとっての収容対象は日系人に限られていた。敵は日系人だけだったのである。日系人立ち退き命令について、ジョン・デウィット将軍は

「軍事的必要に基づいて出された」

と言いながら、ドイツ人、イタリア人に対する立ち退き命令はついに出されなかったのである。[68]

ハワイと本土の陸海軍情報部とＦＢＩは、日系人による疑わしい行動は一件も起きていないと何度も報告していたが、アメリカ政府は西部防衛軍区の全日系人を立ち退かせることに決定した。

そしてついに一九四二年二月十九日、ルーズヴェルトによって大統領命令九〇六六号が発令された。日系人を収容せよとの命令である。それに伴って、三月二日から同月二十七日までの間、自由立ち退きが許され、四千八百八十九人が中西部や東部に向かって出立した。[69]だが、ユタ、アイダホ、ネヴァダ、ニューメキシコの各州では、州民や当局が日系人に敵意を示し、もし来れば肉体的暴行を加えると脅したため、三週間ほどで中止となった。ただ、コロラド州だけは、ラルフ・カー州知事の犠牲的な勇断と配慮とによって日系人を心から受け入れてくれた（詳細は四章を参照）。

同年の三月十八日にデウィット将軍は、北米西海岸の軍事境界線内[70]在住の十二万人の日系人に対して、強制収容の行政命令を出した。それはアメリカ本土在住日系人の九五％に当たる。それに伴いアリゾナ、ワシントン、オレゴン、カリフォルニア各州に、十六の集合所が設けられ「戦時局市民管理委員会」（War time Civil Control Administration: ＷＣＣＡ）が管理することになった。その中で最大のものはサンタアニタ競馬場を改装したもので、二万人近い人たちがそこに収容された。それは一九四二年三月二十七日にはじまる。いくら改装されたにせよ、臭気漂う厩舎であり、馬の扱いとさほど変りがなかったわけである。

さらに一九四二年十一月までに、中西部に点在する十カ所もの強制収容所が完成し、集合所から再移送された（66頁地図参照）。その場所たるや、都市から遠く離れた砂漠のような荒野であったり、湿地帯であったり、まともに人の住めるような場所ではなかった。しかも四方を鉄条網で囲まれ、監視塔の上には機関銃が内部に向けて据えられていたのである。それらの管理は「戦時転住局」(War Relocation Authority: WRA)に委ねられた。

こうした収容所の一つのマンザナ強制収容所跡地を私は毎年のように訪問する(66頁下写真参照)。ロサンゼルスから北に二百二十六マイル行った所で、デス・ヴァレー国立公園の北西に位置している。私の好きなヨセミテ国立公園が近くにあって、そこでキャンプをするためであるが、マンザナはその途中にある。二〇〇四年四月からオーデトリアム(かっての高校の講堂・体育館)は立派な展示館に変身してはいるが、以前はそこに衛兵所とオーディトリアムと日系人勾留中の一九四三年に建てられた慰霊塔、そしてその周りに小さな墓地が残っているだけであった。

歴史に戻ろう。そのようにして強制収容された十二万人の日系人の中の三分の二は二世であり、生まれながらのアメリカ市民であった。それが罪状もなく、裁判されることもなく、強制収容所に入れられたのである。しかも彼らは黙々と、

1980年代初頭、日系人の権利回復の訴訟で記者会見する中央のフレッド・コレマツと法務チームのメンバー。
写真：family of Fred T. Korematsu、Wikimedia-Fred Korematsu (cc)

「仕方がない」

と言ってアメリカ政府の命令に従った。その時までに脈々と築き上げてきた財を一瞬にして失っても、ただひたすら従ったのである。英語のほとんど分からない一世、まだ年若い平均年齢十八歳の二世に、[71]アメリカ政府に訴えることのできる政治力のある人物がいるはずもなかった。

ただ、ゴードン・ヒラバヤシ（81頁参照）、ミノル・ヤスイ、フレッド・コレマツ[72]、ミツエ・エンドーなどの二世たちは、日系人強制収容という大統領命令に対して、敢えて戒厳令を破ったり、警察に連行されたりすることによってアメリカ政府に抗議しようとした。もちろん、それらの声も戦争という大義名分にかき消されてしまったのだが、後日、日系人の権利を回復する際に、彼らの抗議行動が大きな前進をもたらすステップとなった。

ここで忘れてならないのは、モーティマー・コリンズ弁護士で、「コレマツ対アメリカ合衆国」の訴訟事件で、猛るような燃える弁護をした。彼ほど熱情をもって日系人を支えた弁護士は他にいないといわれる。[73] なお抗議行動をしたゴードン・ヒラバヤシは敬虔なクエーカー教徒であり、日系人の痛みをアメリカに直接訴えることによって、アメリカ人の良心を呼び起こした人物である。いわば日系社会再興に大きく寄与したヒーローの一人といえる。

戦争勃発によるキリスト教諸教会の動向

アメリカで最初の日本人団体が形成されたのは「福音会」といわれたクリスチャンのグループであった。一八七七年、サンフランシスコでのことであり、それは中国系クリスチャンが日本人に場所を提供してくれたことによって始まった。[74] その当時、日本人の頼るべきは同じアジア人であり、日本人より一世代早くアメリカに渡っていた中国人であった。そのような日本人を指導したのがアメリカ人であり、その会を通して彼らにホステルを用意し、アメリカ生活のイロハを教えたのだった。

ところが、その日本人社会を揺り動かす事態が発生する。売春婦問題である。一八九〇年初期、サンフランシスコの新聞界は一斉に、日本人売春婦たちの行為が悪名高いものとなりつつあることを指摘しはじめていた。売春婦は日本の国家的威厳に対する汚点では済まされなかったのであり、駐米日本人高官たちは、それがやがて中国人排斥運動と同様に、日系人排斥につながることを恐れ、[75]日系社会と一致してこのことに当たった。

日本からの移民が停止される一九二四年の排日移民法発令までに、カリフォルニア州には四十からの日本人教会があったが（オレゴン州に一つ、ワシントン州に七つ、ユタ州とコロラド州にそれぞれ二つ、そして四つの教会がニューヨーク州）、これらの教会は日本人のモラル向上やアメリカ生活の窓口としての働きをした。

特に戦前・戦後と、日系人の表立った事件沙汰がほとんどなかった、[76]というデータが生まれるためには、日系市民のモラルの高さはもちろんのこと、ギャンブルや売春の追放に日系社会が一致して当たってきたからである。

日米戦争勃発に伴い、真珠湾攻撃の二日後に、「アメリカ・キリスト教会連邦協議会」（Federal Council of the Churches of Christin America: ＦＣＣＣＡ）、「北米海外宣教会議会」（Foreign Missions Conference of North America: ＦＭＣＮＡ）、「北米国内宣教協議会」（Home Missions Council: ＨＭＣ）が共同声明を出し、日系人保護を訴えている。[77]特に日本で宣教活動をしていた宣教師たちは通訳、ＦＢＩとの交渉、銀行との交渉などで大きな助けとなった。

また日系教会の牧師たちは近隣のアメリカ人教会に手紙を送り、実情を訴えたり、アメリカのプロテスタント教会も政府と掛け合い抗議行動を起こすなどしたが、いったん戦争が激しくなると、それらの嘆願も実を結ぶことはなかった。

立ち退きで困難を極めたのは、南カリフォルニアのサンペドロ近郊にあるターミナル・アイランド在住の日系人であった。一九四二年二月二十五日に二十四時間以内の立ち退きを命じられたのである。それはあまりに性急すぎる命令であったので、地元アメリカ人からなるロサンゼルス教会連盟が談判して四十八時間に延長することができた。[78] 何せ男手はスパイ活動をしているとの容疑でFBIに捕えられ、電気はつけられず、ハンドライトも使えない中で家、車、家財道具など、すべての所持品の処理をしなければならなかったのである。

JACLや日系の南加（カリフォルニア）キリスト教会連盟も学校や各教会に掛け合って、それらの場所を開放してもらい、日系人が急場をしのげるようにし、近隣の白人牧師、信徒たちがトラックを用意したり、フレンズ、組合教会、バプテスト教会、さらには仏教会も援助の手を差し伸べてくれた。

ターミナル・アイランドから立ち退いた浜田幸子（一九二〇―二〇一五年）は、私の牧会するオレンジ郡教会の会員である。彼女は南カリフォルニアのリドンド・ビ

ーチ生まれで、和歌山県育ちの帰米二世である。戦前、夫のシゲイチは漁師であり、彼女は鮭缶工場で働いていた。戦争勃発と共に夫はその翌日に検挙され、サンタフェ司法省抑留所（ニューメキシコ州にあるInternment Camp）に護送された。彼女はまもなく四十人近い人たちと一緒に、ロサンゼルス近郊にあったコンプトン市の日本語学校に一カ月間ほど収容された。それからマンザナ強制収容所に転送されたのだが、そこで一月にも満たないわが子、ノリアキを失っている。彼女はマンザナを出て以来、まだそこを一度も訪れたことがないという。マンザナには慰霊塔が建っていて、その近くには花崗岩の自然石で囲まれたお墓が数基ある。マンザナではその収容期間中に日系人百五十人が亡くなり、そのうち十五人がここに埋葬されていた。閉鎖後に九人が他に移され、残りの六人が依然としてここに眠っている。[79]そのうちの一つが彼女の子息のものなのであろうと思って、二〇一二年の八月に訪れた際に、彼の墓を見つけようとしたのだが、名前が記されていなかったので、捜しようもなかった。

一九四二年三月十八日、デウィット将軍によって出された行政命令で創設された十六カ所の集合

所では、かつて日本で活躍した宣教師たちが礼拝を導き、時には仏教徒と一緒の連合集会を持ったこともあった。日系社会において、この収容時代ほど、人々が宗教的に心を開いたことはなかったのである。

また、十カ所の中西部にある強制収容所に送られる時には、今度はその地の住民が敵国人を迎え入れるというので、受け入れ側には多くの不安材料があったのだが、彼らの不安を解消するために走り回ったのも、宣教師や牧師たちであった。特にアイダホ州南部、ソルトレーク・シティー近郊では、ＷＲＡが収容所のクリスチャンたちと地元の教会との交流を促進したので、お互いの理解を深めることができ、収容されている日系人の生活向上にもつながった。中には収容所から近いアメリカ人教会で礼拝を守ることが許されたというケースもあった。[80]

一方、東部でいちばん日系人の多かったニューヨーク州では、戦前三千人あまりもいたというのに、戦争開始直後にはかなりの人たちが故国に引き揚げてしまい、推定千七百五十人にまで減ったといわれる。[81]特に東部に在住していた日系人たちは、強制収容所に入ることもなかった代わりに、生活それ自体が闘いであった。ガソリンも食料も売ってもらえなかったという人たちも少なからずいたのである。むしろ彼らの方が収容所に入っていた人たちよりも苦しんだのかもしれない。

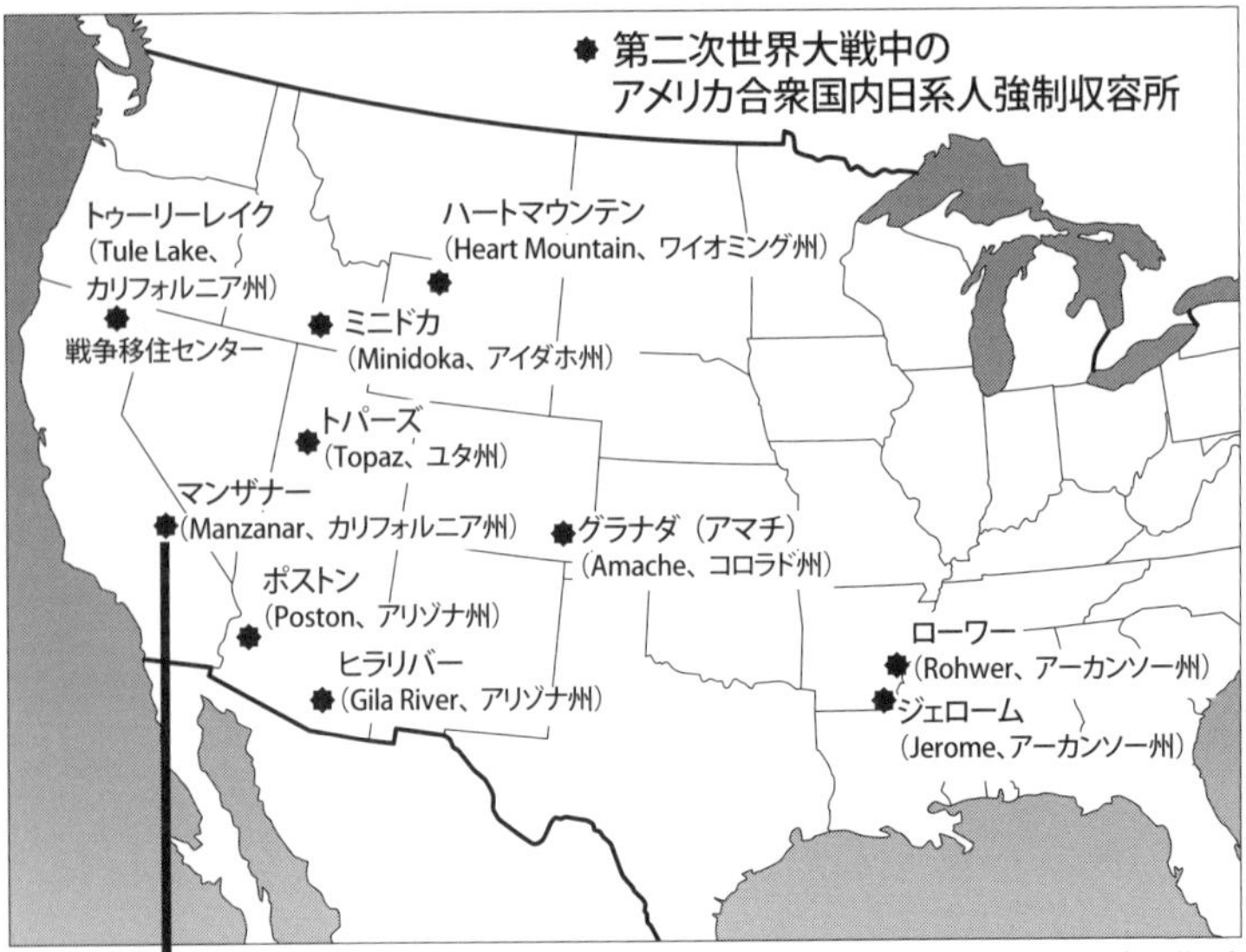

（1992年2月14日付「羅府新報」掲載地図を参考に作図）

カリフォルニア州のマンザナ日系人強制収容所跡地の慰霊塔（2002年）
写真：Daniel Mayer（wikimedia - Internment of Japanese Americans / cc）

四章　フレンズの日系人救援活動

〈フレンズ奉仕団リーダー〉クラレンス・ピケット

クラレンス・ピケットはアメリカの最も困難だった不況時代と、太平洋戦争前後の最も混沌とした一九二九年から一九五一年までの二十二年間、フレンズの代表として、様々な働きを取り仕切ってきた人物である。特にドイツ復興の功績によって、一九四七年、ノーベル平和賞を受賞している。もっとも彼は、これを受賞するには値しないとして、自分ではなく、フレンズ奉仕団議長のヘンリー・カドベリーを代表として、ノルウェーのオスロに送っている。[82]

ピケットは一八八四年十月十九日、イリノイ州シカゴの郊外、シスナ・パークで生まれた。ヤング・フレンズでは、一九一九年から三年間、全米代表となっている。一九二二年にはハーヴァード神学大学を卒業後、インディアナ州リッチモンドにあるアーラム大学の聖書文学教授に就任し、一九二九年にフレンズ奉仕団の代表に就任している。

第二次世界大戦において彼は徴兵局と直談判して、クエーカーが直接武力を持たない良心的兵役拒否の立場から、銃後の働き人として奉仕できるよう要請した。全米で一万二千人が兵役の代替業務に就いているが、そのうちの九百五十一人がフレンズであった。[83]

彼はアメリカ政府要人としてユダヤ人救済にかかわっていたので、戦争直前の緊張したベルリンに入り、ナチス・ドイツの高官と交渉して、ヒットラーに直談判できないものかと話を持ち掛けた。そこで、次のように言われた。

「ヒットラーは暴君であり、まともではない。たとえ話ができたとしても、その結果は、むしろドイツ在住のクエーカーの立場を悪くさせるばかりだ」[84]

ピケットはそこであきらめざるを得なかったのだが、彼はドイツでも人権擁護の鍵を握っていた人物であったし、次項のギルバート・ボールズでも述べるように、太平洋戦争回避の可能性の鍵を

クラレンス・ピケット
写真:普連土学園(東京)

握っていた人物の一人でもあった。

太平洋戦争の始まった翌年、一九四二年の春、ＪＡＣＬ（全米日系市民協会）の代表ジョージ・イナガキとマイク・マサオカの二人が軍の統制下で初めて東部に旅行した時、最初に訪れたのがフィラデルフィアにある重厚なレンガ造りのアメリカ・フレンズ奉仕団本部であった。そこでピケットから受けた励ましと慰めは大きかった。彼の人脈のお陰で、政府の要人とも会い、日系人の保護を訴えることができたのである。同時に二世がボランティアで戦線に出られるようにというＪＡＣＬの意向を汲んで、ルーズヴェルト大統領やヘンリー・スティムソン陸軍長官に掛け合ってくれたのもピケットであった。

太平洋戦争勃発に伴い、日系人が次々とＦＢＩに捕らえられはじめた頃から、フレンズがホステルを準備し、集合所に送られる人々を見送り、そこに閉じ込められていた人々を訪問し、学生たちに大学の門戸を開き、スカラシップを与え、収容所から出る時にも再びホステルを開き、安全な住居を見つけるための手助けをし、仕事のあっせんをしてくれたのだった。これらの一連の働きの背後にピケットがいた。

一九五六年十月、アメリカ・フレンズ奉仕団主催の世界一周旅行の途上、ピケット夫妻は三週間日本に滞在している。その間、エスター・ローズらがアレンジして、十五分だけではあったが二十三歳の若き皇太子殿下にも会っている。[85] 一九六〇年に皇太子殿下ご夫妻がご結婚後初めてアメリカ訪問をした時に、ニューヨークにお立ち寄りになられたが、そこでもピケット夫妻が晩餐会に招かれている。

日系人に対する様々な功績の故に、一九五九年、ピケットはフィラデルフィア市にいながらではあるが、日本政府から戦後初めて日本名誉総領事になるようにとの招きを受け、その職務についている。

ピケットは公民権運動にも関心が深く、マルティン・ルーサー・キング牧師とも親交があった。一九五六年のアラバマ州モンゴメリーで、一年ほど続いた「モンゴメリー・バス・ボイコット」運動にも参加している。それ以来、アメリカの黒人問題にもかかわるようになっていった。[86]

一九六二年四月二十九日のことである。ピケットはホワイト・ハウスの前でアメリカの核政策に反対するデモ行進をしていた。その後に、彼のノーベル平和賞受賞を記念するジョン・F・ケネディ大統領夫妻主催の晩餐会に出席している。そのような行動を通しても、彼の平和主義に対する毅然とした態度を見ることができよう。

ピケットは一九六五年三月十七日、心臓マヒのためアイダホ州ボイジィで召されている。享年八十歳であった。人類の尊厳と和平のために実に献身的に走り続けた生涯であった。

マイク・マサオカは、

「ピケットの働きとフレンズの貢献ほど、日系人の心を個人的にとらえ、励ました人たちはいなかったであろう」[87]

とコメントしている。アメリカ国内においても彼は「二十世紀でもっとも偉大なクエーカーの一人」だといわれている。[88]

〈クラレンス・ピケットの義兄〉ギルバート・ボールズ

以下に記すボールズの働きは、事実関係のみを記すという歴史の記録の本筋からは外れているかもしれない。確かに彼の働きは日米戦争回避には至らなかったし、その回避のためにピケットが動き出すには、日米間にあまりにも大きな障害がありすぎた。しかしながらボールズのそれは、多くの可能性を秘めたものであった。

日本フレンド派の信仰上の混乱もあって、ジョーゼフ・コサンドの後を継いで、一九〇一年二月に主任宣教師となったのがギルバート・ボールズである。前述したフレンズのリーダー、クラレンス・ピケットの義兄にあたる。彼は普連土女学校の校長・理事として職務を遂行しながら平和遂行に献身をし、新渡戸稲造と同様、〝太平洋の架け橋〟を目指していた。

一九〇六年、ボールズは大隈重信、渋沢栄一、尾崎行雄という日本政治の中核にいた人たちや新渡戸稲造らと共に、「大日本平和協会」を設立した。次いで、在留米国人実業家や教育者、宣教師を集めた「在日アメリカ平和協会」を一九一〇年に設立し、ボールズは日米間の和平を模索する中心人物の一人でもあった。

また移民問題をめぐって日米間の緊張が高まる中、ボールズは一貫して排日運動反対の姿勢を貫き、さらには日米の相互理解を目的に、「大日本平和協会」と「在日アメリカ平和協会」の代表者

ギルバート・ボールズ
写真：普連土学園『普連土学園100年のあゆみ』（1987年）より

を集めた「日米関係調査委員会」を設置した。この委員会の人脈をベースに、一九一五年に渋沢によって「日米関係委員会」が組織されたが、ボールズは日本滞在の間、絶えずこのように日米友好の架け橋になろうとしたのである。[89]

一九三七年七月に発生した中国盧溝橋事件をきっかけに、中国における日本の軍事行動が拡大することになった。これを機に、米国政府内部では対日経済制裁の必要性がさらに意識されることになる。アメリカも中国での利権を模索していたからである。

しかしながら、日本にとってアメリカは、高度な工業製品や重要な金属類、および石油の輸入先であり、アメリカにとって日本は大事な顧客であった。そのような理由から、日中戦争初期においては、アメリカの反応は道徳的非難にとどまっていた。

その後、日中戦争が長期化するにつれて、日本政府に領土的・資源的基盤を獲得しようと考える勢力が台頭する。それは、これまで中国に対して門戸開放、機会均等を一貫して主張してきたアメリカの政策と衝突するものであった。そこでアメリカは、一九三九年七月に「日米通商航海条約」を廃棄した。それによって対日経済制裁が発動される条件が整うことになったのだが、それは石油などの燃料や産業資源の枯渇を意味し、日本が自活できない状態に追い詰められることを意味していた。

一九四〇年五月、ナチス・ドイツは電撃的にオランダやフランスを占領した。その結果、東南アジアにおけるフランスの植民地である、インドシナ（仏印）やオランダの植民地下にあったインドネシアが、日本にとって南進の対象と考えられることになった。そこには石油などの豊富な地下資源があったからである。

同年九月に日本軍は北部仏印に進駐した。また同月二十七日に日本はドイツ、イタリアと「三国軍事同盟」を締結したが、これがアメリカを強く刺激することになる。アメリカにとって主要敵国はドイツであり、ドイツの攻撃のために存亡の危機にあったイギリスを一刻も早く助け出す必要があったからである。そのためにはドイツと同盟を結んだ日本を押さえつけておく必要があった。

そのように緊張した中、一九四一年七月十一日、ボールズ宣教師が海軍大将の野村吉三郎駐米大使に手紙を送り、ピケットを紹介したのだった。そして野村大使と近々、両国のひっ迫している日米情勢に関して、

「とにかく話し合いができないものだろうか」

と打診した。しかし、両者には話し合うチャンスは与えられなかった。[90]

アメリカは一九四一年八月、ついに「伝家の宝刀」であった対日石油輸出を全面禁輸した。それは日米間の一触即発を意味していた。これによって日本は両手両足をもぎ取られた状況になってしまった。

さらには一九四一年十一月二十六日にコーデル・ハル国務長官のいわゆる「ハル・ノート」が日本側に突きつけられた。これは十項目からなり、特に中国や仏印からの無条件全面撤退といわれる条項は日本には到底受け入れられないものであった。一九三二年以降、日本の支配下にあった中国北東部の満州国に日本は南満州鉄道の敷設をし、重工業開発のための多額の産業投資をし、さらには三十万人近い満蒙開拓団を日本各地から移入してきたからであった。日本としてはこれを最後通牒的対日政策[91]として受け取った。

ここでは史実の諸説に分け入らず、また歴史に「もし」はないのだが、「ハル・ノート」を事前にフレンズのピケットが知っていたら、日米戦争勃発の危険性が軽減されたかもしれない。また、外交官の岡崎久彦が言うように「日本は追い詰められ、戦争突入しかないという状況を、アメリカ国民の良心に訴えていたら」、[92]交渉は続き、開戦を望む強硬派に飲み込まれずに済んだのではないかと、今にして悔やまれるのである。

アメリカという国は、大統領が動かしているのではなく、国民がアメリカを動かしていくからである。[93]日米間の歴史において、ピケットの民間人としての平和への期待がこの時ほど渇望された時はなかったのではなかろうか。そのきっかけを作ったのがボールズ宣教師であった。

ターミナル・アイランドでの救援活動

南カリフォルニアでの強制収容は、ターミナル・アイランド在住の日系人からはじまった。一九四二年二月二十五日に四十八時間以内の立ち退き命令が出された。それまでは三十日以内の立ち退きだったが、二月二十三日に日本の「伊号第二五潜水艦」が零式水上機を飛ばして焼夷弾を森林地帯に投下したり、カリフォルニア沖から石油製油所を砲撃したり、翌日にはロサンゼルス上空に爆弾付の風船を飛ばしたことによって、アメリカはパニック状態に陥り、それによって日系人は急遽、立ち退きをしなければならない事態になった。

そこでの中心的な日系人救済は、バプテスト・ミッションといわれたターミナル・アイランド・バプテスト教会のヴァージニア・スワンソン宣教師の働きである。[94]

スワンソン宣教師がパサデナのオレンジ・グローヴにあるフレンズの事務所に宛てた、一九四二年二月十四日付の書簡が私の手元にある。事務所の責任者であるレイモンド・ブース宛で、ターミナル・アイランド在住の日系人の臨時の立ち退き先

を見つけて欲しいと訴えた手紙である。その説得のためにそこに住む日系人の経済的状況をこまごまと分類した表を載せている。その表を作るために、ピーク時には三千人もの日系人が住んでいたというその地区の五百六十一軒の家々を訪問して実情を調べている。彼女の彼らに対するパッションを垣間見るようである。三十日以内に強制立ち退きをしなければならない日系人のために、自分のことのように痛みを覚えて訴えるその書簡には、切々と心に迫るものがある。四十八時間の立ち退きを迫られる十日ほど前の手紙であった。

スワンソン宣教師の緊急要請にこたえて、ニコルソン宣教師や、同じくフレンズのエリザベス、ガーニー・ビンフォード夫妻はじめ、多くのボランティアが日系人の立ち退きの援助をしたのだった。[95]

特にビンフォード宣教師はニコルソン宣教師と共に、FBIに拘留された日系人リーダーたちの慰問に当たっていた。彼のあるエピソードを紹介しよう。マーガレット・マッナガという人の証言である。

「私たちは自分たちの家財道具を処理し、ビジネスもどうにかしなければなりませんでした。でも、そのためには一、二カ月の時間的余裕しかありませんでした。そうこうしているうちに、立ち退きの最後の夜が来てしまったのです。でもまだ家財の処理ができてはいませんでした。その時、ビンフォード夫妻が来て、

『とにかく行きなさい。後のことは私たちが何とかするから』

と言って、部屋の掃除をし、売るものは売り、倉庫に入れるものは入れ、最後には家まで売ってくれたのです。後日、お二人は私のいた収容所に来て、それらの代金を手渡してくれたのです」[96]

短期間のうちに家財道具一切を処理しなければならない異常事態であるとはいえ、その最終的処理を自ら買って出て、責任を持って適切に対応したビンフォード宣教師夫妻の真実な行為は隣人愛の誉である。

スワンソン宣教師は戦時中、各地の日系人収容所を訪れては多面にわたって彼らを援助し、励まし続け、さらに全米の諸教会や団体で講演しては、日系人への理解を深める努力をしてくれた。

彼女は終戦後、同じターミナル・アイランド・バプテスト教会のエリック・ヤマモト牧師と結婚した。その後、ロサンゼルスのボイル・ハイツにあるエヴァーグリーン・バプテスト教会で牧会を

し、一九九九年に九十二歳で召されている。彼女も身を賭して日系人に尽くしてくれたヒロインの一人である。

〈公民権唱道者〉ジョージ・ロス

西海岸在住の日系人を強制収容すべきだ、との大勢にアメリカ全体が傾いていた一九四二年二月中旬から、日系人が集合所に収容させられる三月中旬にかけての約一カ月の間、ラジオ放送「ＫＭＴＲ－ＡＭ」（現ＫＬＡＣ）を通して、日系人保護を訴えたのが、公民権唱道者、ジョージ・ロスだった。[97]

彼は一九三〇年代にロサンゼルス郡復興部（Department of Rehabilitation）の食料配給担当ディレクターをしており、日系人の食料生産事情を知り尽くしていた人物で、二期にわたって復興部議員を務めていた。同時にパサデナにあるフレンド集会のメンバーでもあった。

その彼が、週五日毎夕七時十五分から十五分間、日系二世はアメリカ人同様に市民権を有しており正当に扱われるべきだと主張し続けたのである。また、彼はアメリカ政府の日系人収容に反対するクエーカーの働きに満足してはいなかった。もっと強行に訴えるべきだと考えていたのである。

彼は次の三つのことを訴えた。[98]

第一に、南カリフォルニアで生産される食糧などに日系人が毒を入れているといううわさがあるが、化学者として詳細な検査報告を通じ断固言えることは、農業生産物は安全である。

第二に、日系人を西海岸から移動させることによって、例年より四千五百万ドルの農業生産物が損失をこうむる。

第三に、自分が復興部議員として奉職している期間（一九三七―一九四二年）、日系人の間で犯罪行為のレポートやそれらに関係した事実がまったくない。

アメリカ全体が日系人を強制移住しようという動きの中で、その流れに対抗するのはもとより無謀であった。日系人擁護のために彼は犯罪人とされ、それが生涯の傷となって、仕事を転々としたのだった。一九九九年に九十二歳で召されるまで、偏見と憔悴の中を生きなければならなかったが、私たち日系人のために、まさにその命を捨てて闘ってくれたヒーローの一人であった。

〈日系人の代弁者〉ゴードン・ヒラバヤシ

ゴードン・ヒラバヤシは一九一九年、シアトルで生まれた。カナダ市民と結婚し、敬虔なクエーカー教徒であった。彼はアルバータ大学の社会学教授で、両親は渡米以来、一度も日本へ帰ったことがなかった。彼自身も日本に行ったことはなく、また日本に住む日本人とのつながりもなかった。教育はシアトルで受け、逮捕された時はワシントン大学の四年生であった。彼は夜間外出禁止命令違反で刑事事件に巻き込まれたのである。

デウィット将軍は、大統領命令九〇六六号に基づいて、

「一九四二年三月二十七日以降、すべての日本国籍、ドイツ国籍、イタリア国籍の者、およびすべての日系アメリカ人で、第一軍事地域内に居住あるいは滞在する者は、午後八時から午前六時までの間は住居内にとどまること」

という外出禁止令を発令した。ヒラバヤシはこれに違反し、有罪判決を受けた。

陪審裁判に出された罪状によると、彼は軍事地区立ち退きの届けを、指令通り一九四二年五月十一日から十二日の間に、民間統制局に出さなかったというのである。彼はこれを認め、届けを出せば、

「アメリカ市民としての権利を放棄することになるという信念からそうした」

と主張した。また、五月九日の八時以降になっても自宅に居なかったというのが、二番目に訴えられた理由であった。彼はこれも認めた。陪審員は審議のすえ有罪の評決をした。彼は結局、これらの二つの罪状についてそれぞれ三カ月、ただし両方の刑期を同時に消化できるという判決を受け

たのだった。

彼はこれを不服として第九巡回控訴裁に控訴した。ところがこれは憲法問題を含んでいたので、最高裁に移された。この裁定は全員一致で、ストーン最高裁長官から言い渡された。そこでは以下の二点が強調された。

まず、デウィット将軍の夜間外出禁止命令は議会と大統領の協同行為とされ、またその発令は憲法上の権限であり、議会はその発令する権限を司令官に与えているので、違憲行為にはならないというのである。

ゴードン・ヒラバヤシ
写真:スーザン・カーナハン氏提供

次に、日系人は敵国日本に対して連帯感を持っており、敵の侵入に際しては、日系アメリカ市民を含め、全体として敵と民族的連携を保つことになるとされ、従って他の移住者グループよりも大きな危険を伴うことになると判断して、ドイツやイタリア市民とは区別した。しかも戦時の敵の侵入という脅威の下で、スパイ活動や破壊活動の危険があり、戦争を成功裏に遂行させるという軍事的必要性から、ある一つの民族出身の市民を他と違うカテゴリーとして分類することは許されるべきであると言うのであった。

しかし、このような判決が下る一九四三年半ばに、戦いの流れはアメリカに有利な方向へと急速に転換しはじめていた。一九四二年六月にはミッドウェー海戦があり、日本海軍は壊滅していて、日本によるアメリカ本土侵入の試みなど、日本にとっては物理的に不可能となっていた。日系人のスパイ行為もサボタージュも一切なかった。それらの事実をデウィット将軍は熟知していたはずである。そのような状況で、さらにその後二年間にもわたって日系人は強制収容所に閉じ込められていた。[99]

ヒラバヤシが夜間外出禁止命令にチャレンジできたのは、背後でフレンズのサポートがあったからである。特に当時のシアトルのフレンズ奉仕団の最高責任者は、前述のフロイド・シュモーであり、終始ヒラバヤシを励まし続けた。

実はフロイド・シュモーはヒラバヤシの義父にあたる。シュモーの娘、エステルがベインブリッジ島からトラックを運転し、スポーケンに居たヒラバヤシをピックアップしてミニドカ収容所に行ったことが、そもそものなれ初めであった。[100]

ヒラバヤシは引退後のある日、カリフォルニア大学サンディエゴ校のピーター・アイアンズ政治学教授から連絡を受けた。それは一九四二年のアメリカ政府による日系人収容は明らかに彼らの過ちであったというものである。政府は大統領命令を発令する軍事的理由がないばかりか、それを正当化するために、最高裁からの情報を隠していた、という事実が発覚したからだった。

この新しい事実に基づいて、一九八七年に一転してこれまでの罪状が覆され、彼は勝訴した。彼は言う。

「アメリカ政府が自分たちの過ちを認めたということこそがアメリカの強さである。私は以前にもまして憲法を遵守することの大切さをさらに確認することができた」[101]

ヒラバヤシは二〇一二年一月二日、九十三歳で死去した。彼に対して二〇一二年五月二十九日、文民最高位「大統領自由勲章」がオバマ大統領から授与されている。[102]

パンとコーヒーの差し入れ

冒頭の「はじめに」で述べている塚本潤一宣教師の記事を再び思い出そう。

「絶望と失意の中で駅についた時、彼らは一つのテントを見つけました。それは遠くへ旅立つ彼らのために用意されたコーヒーとドーナツのブースで、クエーカーのグループが用意したものでした。国全体が反日感情で突き進む時に、彼らの奉仕はとても小さなものでした」

この記事は、これまでの多くのクエーカーに対する感謝の中で、私にとっていちばん心に残っているコメントである。このようなフレンズの愛の好意を私は何度も聞いた。私の恩師でシカゴの地で専心牧会にあたった葛原千秋牧師も、「軍差し向けの列車で収容される時、各座席の上にパンや飲み物が置かれていました。どこの誰がそうしてくれたものなのか、その時は分かりませんでしたが、後にそれがフレンズによって用意されたものだと知った時、彼らに対する感謝の思いがわき上がっ

てきました」と常々語っていたものである。

次は少し長いが、エスター・ローズの手記からの引用である。

「軍は東洋人立ち入り禁止地帯となった町の公園から日系人の立ち退きを予定していました。私たちフレンズはコーヒーを、さもなければせめてコーヒーを沸かす道具を貸してくれる教会グループを探そうと努力しましたが、見つかりませんでした。そこで私たちは朝の三時に遠く離れたパサデナから、子どもたちのためにバター・ロールや牛乳を持ってその公園に行き、午前六時にバスで出発する六百人の日系人に配ったのでした。その公園にはアメリカ在郷軍人会が小さなホールを持っており、幸いにもそこには大きなコーヒー沸かし器が備えられていました。頼み込むと、この在郷軍人会は翌朝出発が予定されていた別の日系人グループのために、喜んでそのポットを貸し出してくれました。

日系人が自分たちの持ち物をトラックに積む時に、クエーカーたちが手際良く助けてくれたので、何一つ積み残しをしないで済んだのでした。軍の士官たちは奉仕するためではなく、指示するためにその場に居たのでしたが、その中の若い士官たちは喜んで子どもたちをバスに乗せたり、隣近所の人たちや教師たちと一緒に、強制収容の友人を見送ってくれました。

一方、他の少数民族の人たちは涙を流していました。一人のメキシコ人女性は泣きながら言いました。

『次は私だ。次は私だ』

軍の移動計画は、小さな子どもや、乳飲み子を抱えた母親とか老人に対する配慮をしているとは限らなかったので、サンタアニタ競馬場がロサンゼルス市近辺に住む日系人の集合場所となった時、私は自分の車を運転して老人ホームへ行き、体が弱っている日系人四人の手助けをしました。この人たちはバスやトラックには上れないほどに弱っていたり、手足が不自由だったので、私は集合地までの行列に私の車を割り込ませる許可を得たのでした。

サンオーキン・ヴァレー地区（州都サクラメントから南部に広がる広大な平野）の日系人に強制移住命令が出された直後、ある奉仕者グループの一員としてその地にいた私は、法的援助、その他の恩典が日系人にも与えられるように活動しました。

私はたまたま小さな町に入りました。昼食を待っている間に、店の主人はある客に向かって言いました。

『ジャップからは、まだ何も買わない方がいい。一日か二日経つと出ていかなければならなくなるから、やつらは安く売るよ』。

この男は、乗用車やトラック、高価な農業用、家庭用の機器を持っている日系人を知っていたようでした。私としては、アメリカ政府が約束を守り、保管している財産をいずれは全て返す、ということを何としても信じるべきだと強調して、日系人たちが安心するように努めたのでした」[103]

強制収容された日系人への救援活動

十カ所の強制収容所に移る前に、十六の集合所が西海岸に準備されていた。その一つフレスノ市南部のテュラレ集合所に収容されていた、ハリウッド独立教会の日系二世牧師のシャーロット、ロイデン・ススマゴ夫妻の証言がある。

「もっとも頻繁にそこを訪れた訪問者は、近隣に住んでいたフレンズかブレザレンの人たちでした」[104]

とあるように、フレンズやブレザレンは絶えずそこを訪問しては、冷たい果物や飲み物で日系人を慰めてくれたのである。

一九四二年頃、グラシア、レイモンド・ブース夫妻はアメリカ・フレンズ奉仕団を代表する人物であり、強制収容されてゆく日系人のために多大な愛と慰めを示してくれた。特にテュラレやサンタアニタ集合所やマンザナ収容所を訪れては、礼拝でのメッセージのご用や収容されている人々の手足となり、また外部との連絡係となっては日系人に仕えてくれた。ある時にはブース牧師が仏教信者と一緒に礼拝を導いたこともあり、二千五百人の集会が開かれたこともある。

ホイティアのクエーカー、ウィリアム・ブラフ医師もターミナル・アイランドの住民たち四十人がホイティア近郊のノーウォークに移送された時には、ほとんど毎日そこを訪問して彼らの必要に耳を傾け、金銭的な援助をしている。さらにサンタアニタ集合所に入れられた日系人を訪れては、健康診断に当たってくれた。また日系人が西海岸に帰還し、ブラフ医師のクリニックを訪問した時には、彼らのために最大限の援助をしている。[105]

一九四二年、強制収容所に閉じ込められていた子どもたちのために、最初のクリスマス・ギフトを計画したのが北米国内宣教協議会であった。これにはＪＡＣＬ、ＹＭＣＡも協力し、特にアメリカ・フレンズ奉仕団が中心となって実行に移されたものである。

フレンズは収容所での最初のクリスマスを迎えるサンデー・スクールの子どもたちのために、プレゼントを集めるよう諸教会に訴えたのだったが、パサデナ近郊では第一メソジスト教会以外は、敵を元気づけることを恐れてただの一つの教会も参加しなかった。しかし、前述（34頁参照）したハーバート・ニコルソンは、フレンズのメンバーたちを中心に集めた一万個のプレゼントをトラックに載せて強制収容所に届けたのだった。

一九四三年にフレンズから出されたクリスマス・ギフトの広告には、「五万個のクリスマス・ギフトを求む！」とあり（93頁フライヤー参照）、その翌年からは多くのクリスチャン団体が率先して協力している。その中には中国人クリスチャンもいた。ちなみに強制収容所最後のクリスマスとなった一九四四年の場合には、五万七千個ものギフトが子どもたちに届けられている。

パサデナにあるフレンズ奉仕団事務所は、ニコルソンが日系人のために広範囲にわたって奉仕をするように特別に依頼してきた。戦争開始まで彼は、ウェスト・ロサンゼルス日本人メソジスト教会の牧師であり、教会員が収容されたのはマンザナであった。そこからぜひ来て欲しいという依頼の手紙がきたので、トラックに教会用のピアノ、ロサンゼルス市の公立図書館からもらい受けた書籍、さらに他の収容所で必要としている物品などを詰めて出かけたのだった。

日系人の危険分子と目された人々の逮捕に続き、婦人たちもターミナル・アイランド一時収容所に閉じ込められたので、ニコルソンは「海軍情報部」（Office Naval Intelligence：ＯＮＩ）[106]やＦＢＩと掛け合い、逮捕された家族の訪問にはじまって、アリゾナ州のポストン、ヒラ・リヴァー、ユタ州のトパーズ、アイダホ州のミニドカ、ワイオミング州のハート・マウンテン、コロラド州のグラナダなど、ほぼ全米の強制収容所を訪問して歩くことになった。

二世の通訳は信用されなかったので、ニコルソンは連邦検察局、法務局、仮収容所、強制収容所での通訳、慰問に当たった。戦時中、彼は三十五人の日系人の葬儀の司式をしたり、日系人死刑囚の誤審の再審請求などの援助をしている。

ニコルソンはまた一九四四年、日系二世兵士たちの特訓先であるミシシッピ州キャンプ・シェルビーを訪問した。その後、国防省に強制収容所の閉鎖嘆願のために出向いたりしたが、そこでジョン・マックロイ国防次官に面会している。この千載一隅のチャンスは一九四四年三月二十日、ディロン・マイヤー戦時転住局長官の勧めで設けられたものだった。そこでニコルソンが日系人の現状を訴えたところ、国防次官は、

「世論だけが問題だ」[107]

と答えた。そこで早速、ニコルソンは西部在住の関係者に日系人を収容所から解放して欲しい旨の手紙を書いてくれるように頼んだところ、それから四カ月もしないうちに十五万通の嘆願書が国防省に届いたのだった。一九四五年初頭からは収容所が次々と閉鎖となってゆくが、彼の直接の嘆願が結果的に大きく効を奏することになった。

エスター・ローズもニコルソンと同様、献身的に収容所各地を訪問した。その一つのエピソードに次のものがある。ヒラ・リヴァー収容所をローズが訪問した際の職員居住施設管理者であり、ア

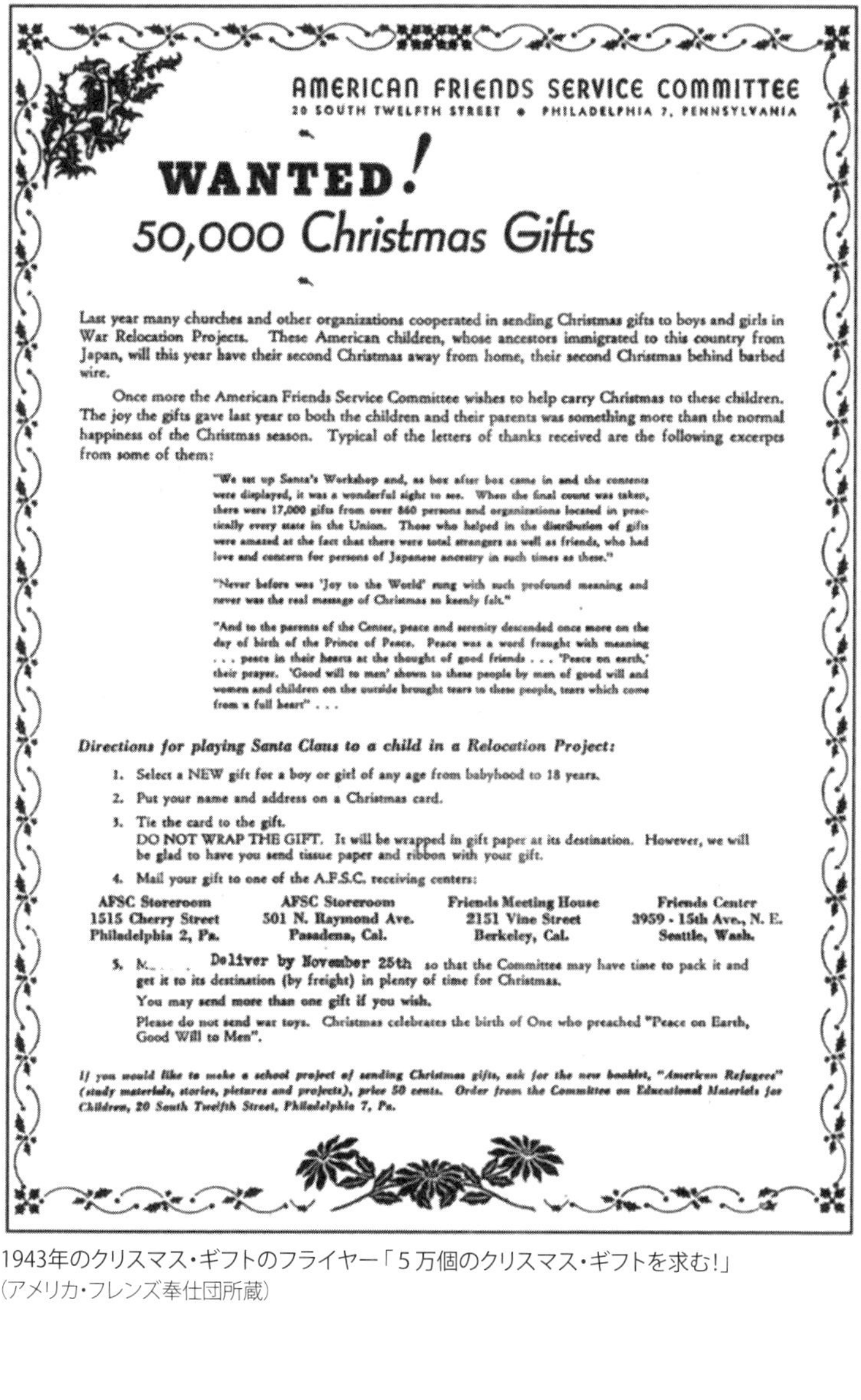

AMERICAN FRIENDS SERVICE COMMITTEE
20 SOUTH TWELFTH STREET • PHILADELPHIA 7, PENNSYLVANIA

WANTED!

50,000 Christmas Gifts

Last year many churches and other organizations cooperated in sending Christmas gifts to boys and girls in War Relocation Projects. These American children, whose ancestors immigrated to this country from Japan, will this year have their second Christmas away from home, their second Christmas behind barbed wire.

Once more the American Friends Service Committee wishes to help carry Christmas to these children. The joy the gifts gave last year to both the children and their parents was something more than the normal happiness of the Christmas season. Typical of the letters of thanks received are the following excerpts from some of them:

> "We set up Santa's Workshop and, as box after box came in and the contents were displayed, it was a wonderful sight to see. When the final count was taken, there were 17,000 gifts from over 860 persons and organizations located in practically every state in the Union. Those who helped in the distribution of gifts were amazed at the fact that there were total strangers as well as friends, who had love and concern for persons of Japanese ancestry in such times as these."
>
> "Never before was 'Joy to the World' sung with such profound meaning and never was the real message of Christmas so keenly felt."
>
> "And to the parents of the Center, peace and serenity descended once more on the day of birth of the Prince of Peace. Peace was a word fraught with meaning . . . peace in their hearts at the thought of good friends . . . 'Peace on earth,' their prayer. 'Good will to men' shown to these people by men of good will and women and children on the outside brought tears to these people, tears which come from a full heart" . . .

Directions for playing Santa Claus to a child in a Relocation Project:

1. Select a NEW gift for a boy or girl of any age from babyhood to 18 years.
2. Put your name and address on a Christmas card.
3. Tie the card to the gift.
   DO NOT WRAP THE GIFT. It will be wrapped in gift paper at its destination. However, we will be glad to have you send tissue paper and ribbon with your gift.
4. Mail your gift to one of the A.F.S.C. receiving centers:

AFSC Storeroom **1515 Cherry Street** **Philadelphia 2, Pa.**	**AFSC Storeroom** **501 N. Raymond Ave.** **Pasadena, Cal.**	**Friends Meeting House** **2151 Vine Street** **Berkeley, Cal.**	**Friends Center** **3959 - 15th Ave., N. E.** **Seattle, Wash.**

5. M... **Deliver by November 25th** so that the Committee may have time to pack it and get it to its destination (by freight) in plenty of time for Christmas.
   You may send more than one gift if you wish.
   Please do not send war toys. Christmas celebrates the birth of One who preached "Peace on Earth, Good Will to Men".

If you would like to make a school project of sending Christmas gifts, ask for the new booklet, "American Refugees" (study materials, stories, pictures and projects), price 50 cents. Order from the Committee on Educational Materials for Children, 20 South Twelfth Street, Philadelphia 7, Pa.

1943年のクリスマス・ギフトのフライヤー「５万個のクリスマス・ギフトを求む!」

（アメリカ・フレンズ奉仕団所蔵）

メリカ・フレンズ奉仕団職員であった二世ジョージ・オーエのコメントである。[108]

「そこでの実際の仕事は、白人の収容所管理職員が住む施設の面倒をみることであり、その中には訪問客に対する客室を割り当てる仕事もあった。その収容所は酷暑の砂漠地帯にあったので、客の大部分がワシントン政府の人たちだったこともあり、とかく冷房の効く部屋を要望した、というよりも強要した。ある日、質素なワンピース姿で、背の高い白髪の女性が現れて、

『もしよかったら、強制収容者用のバラックの一室を取っていただけませんか』

と尋ねてきた。前代未聞の要望だった。上役に相談したところ、その希望は受け入れられたので、われわれは急いで粗末な部屋を、その女性のために用意した」

これがオーエとエスター・ローズとの最初の出会いであった。彼がフィラデルフィア地区に移転した時にも、ローズは日系アメリカ人に力を貸して、その再移住のために活躍していた。それが終ると今度はフィラデルフィアにやってきた大勢の日本人学生たちの面倒をみていた。[109]

ローズは強制収容所に閉じ込められていた幼い子どもたちへのクリスマス・ギフトを贈るプロジェクトの一端も担っていて、一九四三年にはボストン収容所でそのすご腕ぶりを発揮している。彼

女は各キリスト教団体に援助を求め、各収容所への数の取りまとめや連絡に腐心していて、南カリフォルニアのフレンズには少なくとも四百ないしは五百個欲しいと訴えている。

その収容所内でタイプしたエスター・ローズのファイルの一部が私の手元にある。それらは彼女がキャンプに幽閉されている日系人の家族を励ましたものとか、あるいは家族の安否を問い合わせたものなどである。それらの書面だけを見ても、思わず一日平均何通の手紙を書いていたのだろうかと、はたと考えてしまった。それは尋常な数ではない。彼女の思い出を書いた『一クエーカーの足跡』にもあったが、ある友人は、「ミス・ローズは普通人の何倍もの仕事を同時になさるご多忙の身」[110]と記しており、全く同感である。

ちなみに一九四三年四月一日付の「日系関連委員会」(Japanese American Relations Committee: ＪＡＲＣ)の報告書を見ると、ローズは前年のクリスマスからの三カ月間に、カリフォルニア州のマンザナを三回、アリゾナ州のポストン、ヒラ・リヴァーをそれぞれ二回、コロラド州グラナダ、アーカンソー州ローア、ジェローム、さらにはワイオミング州のハート・マウンテンの各強制収容所を訪れている。しかも、それらの収容所というのは、都市から遠く離れた砂漠や湿地の広がるような所である。一つの収容所を訪問するだけでも、どれだけの時間と労力を要したことであろうか。日本人を思うあまり、彼女は文字通り身を粉にして献身してくれたのだった。

そのようなクエーカーたちであったから、アメリカ・フレンズ奉仕団員がどこの収容所を訪問するにしても、彼らが、

「クエーカーです」

と自己紹介すると、それまで緊張した面持ちの日系人たちの顔はほころび、例外なく、

「オオ、あなたがたがクエーカーですか」

と言って心から感謝するのだった。[111]

一方、エレノアー・ルーズヴェルト大統領夫人がアリゾナ州のヒラ・リヴァーを訪問した時の話である。それは暑い日のことだったが、夏のヒラ・リヴァーではごく当たり前のことだった。彼女はそこの料理長に一杯のミルクを所望した。彼はそれを持ってきて差し出し、彼女はそれを飲んだ。そして言った。

「このミルクは酸っぱいわ」

そこで料理長は言った。

「ミセス、ここのミルクはみな酸っぱいのです。一体どんなミルクだったら良かったのですか」[112]

ミルクを冷やす十分な冷蔵設備もなく、メス・ホールという食堂で食べる物は一般市場ではとうていさばききれないような払い下げ品が供給されたりすることもあり、そのために食中毒になることも少なくなかったという。キャンプでは、まともな日常生活を期待することすらできなかったという一例である。

強制収容所の教師たち

収容所での教師たちは何もクエーカーだけではなく、かつて日本で働いていた多くの宣教師たちも教師やボランティアをしてくれた。その代表者たちについては五章にて紹介するとして、ここでは二人のクエーカーのみに言及する。

ヘレン・イーライ・ブリル

ヘレン・イーライ・ブリルは南カリフォルニアのクレアモントでの大学生時代に、パサデナにあるオレンジ・グローヴ集会というフレンズの奉仕活動に身を置き、次第に日系人との接触を強めていった。ある日、オレンジ・グローヴの一人がフィラデルフィアにいたエスター・ローズに、

「ターミナル・アイランドに住んでいる日系人が四十八時間以内に立ち退きを命じられている」

と電話連絡をした時、ローズは、

「すぐさま、そちらに参ります」

と応答した。彼女の尽力によってターミナル・アイランドから放逐された人たちのために、ロサ

ンゼルス市近郊のボイル・ハイツにある旧合同教会の一部をホステルとして改修することができたのだった。その時にイーライはローズに同行して、そこに寝泊りしている日系人の食事の世話などをした経験が切っ掛けとなって、日系人に奉仕する決心をした。

日系人が収容所に入れられて間もないころ、イーライは南カリフォルニアにあるコンプトンの高校教師であった。当時、その辺りには農業に従事する日系人たちが多く住んでいて、その高校生の三分の一は日系人であった。教え子たちも収容所に入れられてゆく中、一九四二年の八月に彼女はマンザナ強制収容所内の高校教師として赴任する。収容所の建物はまだ完成していなかったが、イ

1944年のヘレン・イーライ・ブリル
写真提供:ローレル・ブリル・スワン氏

ーライは十一年生にアメリカ憲法を教えた。その年の十二月六日、マンザナで暴動があり、彼女の教え子であるジェームス・イトウが銃殺されるという事件が起きた。彼女は二年間マンザナにとどまり、その間、高校生たちの大学入学、編入、奨学金などの便宜を図っている。一九四四年にはマンザナを訪れて、日系人収容の状況を知り、イーライの働きを理解していた熱心なクエーカーであったボッブ・ブリルと結ばれている。

一九四五年初頭に彼女はロサンゼルスのボイル・ハイツにあるアメリカ・フレンズ奉仕団の管理下にあったエヴァグリーン・ホステルに戻り、収容所から出てくる日系人の世話に当たった。反日の色濃い状況の中ではあったが、年末にボッブが兵役免除されるまでそこで奉仕したのだった。

二人は生涯、広く社会正義のために尽くし、ベトナムのボート・ピープルの保護や、一九八二年には、コネチカット州で「レズビアンとゲイの親と友の会」を創設している。彼女は二〇〇三年の四月に召天している。[113]

ジョーゼフ・グッドマン

ジョーゼフ・グッドマン博士はユタ州トパーズ強制収容所の高校教師であった。そこで彼は、「この収容所での生活はお互いの選択によって苦い経験にもなるし、輝く可能性をもった将来にもなる。ここでのユニークな生活を無駄にしてはならない」

と生徒らを鼓舞した。

彼はワシントン大学で化学博士号を取得し、やがてクエーカー教徒となった。時代は戦争に向かっていたこともあり、自分の信念からシアトル地区では良心的兵役拒否の立場をとった最初の人物となった。兵役を拒否したこともあり、WRA管轄下にある収容所での就職は困難だったが、彼のたゆまない信念がついに実を結んで、妻のベティはトパーズ収容所内の社会福祉部の仕事に就き、彼は教師となった。一九四三年一月のことである。

1942年のジョーゼフ・グッドマン
写真：リスベス・グッドマン氏提供

グッドマンは教科書も実験室もない中で化学、物理、幾何学など一日五教科も教え、六クラスを持った。テストの日には教室で設問を説明するだけで生徒を監視することもなく教室を出た。それは彼らを信頼するためであり、信頼に足る者たちであることを知って欲しかったからである。彼はやがて生徒たちの信頼を勝ち取ってゆく。

彼はまた以前にカリフォルニア大学バークレー校のフットボール選手だった二人の友人と共に、収容所の高校生たちを集めてチームを結成した。他チームをして、

「こんなクリーンな試合をしたことはない」

と言わせたほどの試合運びで、その年のユタ州の高校としては二番の成績を収めたのだった。

卒業生たちが収容所を出るというので不安と恐れに駆られていた時にも、グッドマンは最初の時のように彼らを鼓舞した。キャンプを出てからは、カリフォルニア大学サンフランシスコ校の小児科医教授としてその名を知られた。二〇〇四年、九十二歳で召されている。[114]

大学入学手続きとスカラシップの付与

一九四二年にＷＲＡはアメリカ・フレンズ奉仕団に対して、強制収容されていた学生たちの諸問

題を解決するための会議を要請した。これによって「全米日系人学生転住会議」（National Japanese American Student Relocation Council: ＮＪＡＳＲＣ）が誕生した。その要請は書簡により、同年五月五日付のミルトン・アイゼンハワー戦時転住局長官（デュワイト・アイゼンハワー大統領の実弟）から、フレンズ代表のクラレンス・ピケットに送られた。[115] それは強制収容されてゆく日系二世に対して、著名な教育者たちからの声を反映して、大学教育を授けるために必要な手続きを速やかに実践して欲しいという要請であった。[116] それに対してピケットは、大学までの旅費、スカラシップ援助を速やかに考慮してくれるように依頼している。

この「全米日系人学生転住会議」の議長はジョン・ネイソンで、ペンシルヴェニア州のスワースモアーというクエーカー系の大学の学長であった。この後の三年間で総勢三千六百人の日系人学生がその恩恵を受け、六百八十の教育機関がその門戸を開いたのだった。

当初、全米八カ所に事務所が開設されたが、後日フィラデルフィア一カ所にまとめられた。構成要員としては大学関係者、プロテスタント教会、カトリック教会、ユダヤ人グループ、ＹＭＣＡ、ＹＷＣＡであった。

戦争当時、戦時境界ゾーン内に住んでいた学生たちは二千五百人であった。この「全米日系人学生転住会議」が組織されるまでは、カリフォルニア大学バークレー校の学生転住委員会が中心となって学生たちの東部転入手続きを取り扱っていたのだが、一九四二年四月の実に混沌とした時期に、七十五人の日系人学生が東部・中西部に入学することができただけだった。東部あるいは中西部に入学した学生たちは、経済的必要の大部分をパートタイムの仕事でまかなうか、あるいは教会からの援助や親から仕送りしてもらうという状況であった。

その後、大学入学を許された日系人学生三千人のうち、七百四十一人が、「全米日系人学生転住会議」の援助を受けている。この会議は戦争が終わって三年以上経過した一九四八年の四月まで学生たちの援助を惜しまなかった。入学手続き、学資などの資金の一部、あるいは卒業までの援助を受けた者は総勢四千人にも及ぶ。日系人に対するフレンズの働きの中で、この分野での働きが一番顕著であり、貢献しているといわれている。[117]

入学手続きのための『From Camp to College』という小冊子であるとか、「全米日系人学生転住会議」が中心となり、ヴァケーションの時の旅行であるとか、病気になった場合にはどうしたらよいかなど、学生にとって必要な細々とした生活情報が書かれた十四ページにもわたるパンフレットが作成されている。アメリカならではの心にくい配慮である。

一九四二年七月から一九四六年七月までの二世の在校生数では、イリノイ州の六百六十二人が一番多く、二番目に多いカリフォルニア州の五百二十六人をいくぶんしのいでいる。この統計に関してはクエーカーの学者であるロバート・オブライアンのものが詳しい。[118]

ロバート・オブライアンはＮＪＡＳＲＣのディレクターとして、各強制収容所に散在している学生たちの訪問をしている。次に述べるのは、彼が大学進学を考えている日系人学生たちと話し合うためにポストン強制収容所を訪問した際のエピソードである。

その日、彼を恐れてか、誰一人として彼の所に来る学生はいなかった。そこでその日の夕食の際、ある高齢の一世が立ち上がって次のような証言をした。それはロバート・オブライアンの父に関するものであった。

「今、このキャンプにオブライアンさんが訪問してくださっています。皆さんはあまり彼と話をしていないようですが、私はサンタアナ（南カリフォルニア）に居た時から彼を知っています。そこで私も彼の家族も牧場の経営をしておりました。ところが排日土地法が議会を通過（一九一三年）して、日系人が土地を所有できなくなった時、オブライアンさんのお父さんが私たちの土地の後見人になってくれて、私の息子が法的に所有できる年齢になるまで管理してくれたのです。皆さん、オブライアンさんを信頼してください」[119]

一九四四年八月二十一日には戦時局（War Department）が日系人の大学進学の壁を全て取り除き、自由に入学できるようにしている。国家安全の面で、国が全ての軍事的規制を解除したことによって、大学側でも日系人を規制する理由がなくなったからである。

学生たちへの援助の背後にある考えは、一九四五年、ニュージャージー州アトランティック市で開かれたキリスト教国内伝道会議でのW・W・アレクサンダー博士の言葉に集約されよう。[120]

「将来の日系人がどうなるかは神のみが知る世界ではある。だが、彼らに教育を施すことによって彼ら自身が考え、それによって、いわゆるアメリカでの日系人問題の解決がなされてゆくというのは、何にも勝る答えだと思う」

ここでエスター・ローズの手記を引用する。

「最初の一年間、戦時転住局は精力の大半をキャンプの運営に向けなければならなかったので、当局としては、日系人をキャンプ外に連れ出してくれる団体を歓迎しました。大学生がその第一号で、諸手続きが終るのを待ちかねるようにして、キャンプ外に再移住させました。ロサンゼルス、サンフランシスコ、ポートランド、それにシアトルにも事務所が開かれ、大学へ行く希望者の記録が取られました。私はアメリカ・フレンズ奉仕団が組織したロサンゼルスでの活動の責任者として勤めましたが、そこにはＹＭＣＡの常勤の秘書や奉仕者が大勢いました。奉仕者たちの人柄や自分の意思からする奉仕活動はとても貴重なものでした。大学進学希望者が必要とする推薦を取り付けるために、何百通となく手紙をタイプで打ったり、ファイルしたものです。中でも登録のベテランや学生相談員は、自分の休憩時間をさいてまで学生の成績や学業記録の評価に懸命となったので、大学入学の口は、一番的確だとされる学生で直ぐに埋まってしまいました」[121]

一九四四年九月にエスター・タケイは、パサデナのジュニア・カレッジ入学のために収容所から帰ってきた最初の学生であった。彼女の入学が判明した時、大学側は職員や学生の間で彼女の受け入れをどう考えているかというアンケート調査をした。その結果、彼女を受け入れることに賛成したのは職員が九八％で、学生は百％であった。[122]

タケイを家に引き取ってくれたのはヒュー・アンダーソン家であり、クエーカーの会計士であった。アンダーソンは収容されている人々の所有物を保管し、自らポストン強制収容所で一年間ビジネス管理者として働いている。また帰還する人々の家屋などの固定資産の所有権回復に献身した人物である。[123]

ホステル開設、仕事と住居のあっせん

フィラデルフィアにあるフレンズ奉仕団代表のクラレンス・ピケットは、日系人が収容される前にエスター・ローズとハーバート・ニコルソンの二人の日本宣教活動経験者、そして後見人としてトム・ボディンを日系人奉仕担当者に任命した。

日系人収容のためのホステルはエスター・ローズが仲介役となって、まず一九四二年の二月にターミナル・アイランドからの強制立ち退き者のために、ロサンゼルスのボイル・ハイツにある旧合同教会寄宿舎を提供することからはじまった。収容所に入る前にすでにホステルが開設されたのである。

一九四二年五月にミルトン・アイゼンハワーは、WRAが日系人収容のために公的資金を使用することをアメリカ国民から批判されることを恐れて、[124]フレンズ奉仕団を通して宗教団体やYMCA、YWCAと協力して日系人のためにホステルなどの開設を要請してきた。

太平洋戦争最中の一九四四年、ローズが中心となって同じボイル・ハイツの建物の借用の取り決めを結んでいる。アメリカ陸軍が無残な状態に放置しておいたその建物は、二カ月間で百人ばかり

のボランティアによって、壁を塗り替えたり、水道を修理したり、家具を備え付けたりして、百五十人ほど収容できる施設に整えられたのだった。

帰還者たちは一日当たり一ドルで食事とベッドをあてがわれ、その間に彼らが貸していた財産の取り戻しを図ったり、仕事や住居を探した。ホステル側では帰還者が長居しないように、十日経つと宿泊費を高くした。奉仕者は相談相手となって活躍し、財産保護に関する処理の手助けをしたりした。帰還者のホステル滞在は平均して二週間ほどとなっている。

強制収容所から解放された日系人たちは、自分がかつて所有していた農場へ戻っても、家がダイナマイトで吹き飛ばされていたり、耕作地に近づかないように脅かされたり、待ち伏せされて銃で撃たれたりしていた。そのようなテロまがいの事件が、一九四四年二月から四カ月の間に四十八件も起きていたので、帰還者のためにも安心して宿泊できるホステルは不可欠であった。

ホステルはキリスト教会のみならず、ロサンゼルスの西本願寺、高野山テンプルも開放されていて、それぞれ二十人、三十人と収容している。ニコルソン宣教師はその気さくさから、お寺でもだれかれとなく一緒に食事をしている。彼は宗派を越えてどのような人とも交わり、彼らの友となった。それが彼の日系人に慕われた最大の要因であった。ちなみにロサンゼルス地区では九カ所にホステルが開設されていて、三百五十人ほどが収容されていた。カリフォルニア全体としては十八カ所にも及んだ。

連邦教会会議や国内宣教会議、国外宣教団体が協同して、日系人の今後について話し合われたが、その代表の一人として、クエーカー教徒でビジネスパーソンのジョージ・ランドクイストを中心に戦後処理が話し合われた。シカゴ市においては、フレンズ奉仕団によって強制収容所から出てくる日系人のために保護活動を行っていたが、彼はその保護施設を全米各地に設けるように取り図っている。ニューヨーク州では多くの議論が持ち上ったが、日系人は大過なく受け入れられ、やがてホステル開設は、全米それぞれの地区の教会関係者によって実行に移されていった。フレンズ奉仕団と共にブレザレン奉仕団も中心となってホステルを開くために他団体に働き掛けている。

そのようにして総勢五千人に及ぶ日系人がホステルを利用した。それらホステルの設置された他の都市としてはボストン、シンシナティ、クリーヴランド、デモイン、カンサス、ミネアポリス、フィラデルフィア、スポーケン、ワシントンDCなどがあり、総数は百カ所以上に及んだ。[125] 強制収容所を出た日系人の半数以上は西海岸に戻ってゆくが、残りは全米に散在してしまった。かつて西海岸に集中して住んでいたことへの教訓だったのであろう。ちなみにカリフォルニア州には五八％の日系人が帰還している。その次に多いのはイリノイ州の七％であり、ワシントン州の六％と続く。特にシカゴは「転住のメッカ」[126] ともいわれ、三千人にも及ぶ日系人が集まった。

かつてコロラド州グラナダ収容所から一九四三年五月にシカゴに移った、レーキサイド教会の葛原定市牧師の長男、千秋牧師は「シカゴでは一般のラジオ放送局を通して、〈日系人は忠実な人たちですから、彼らを受け入れてください〉と言うアナウンスを聞いたことがあります。そのような街でしたから、日系人とのトラブルも聞いたことがありませんね」と語ったことがある。

実はこの放送は、人権尊重を訴え日系人の側に立って擁護してくれたディロン・マイヤー戦時転住局長官が、シカゴ市にWRA事務局を設置して、日系人の移住をあっせんしたことによる。また彼らをシカゴに歓迎するためにクエーカーたちの配慮によって放送されたものであった。[127]

今野俊彦、藤崎康夫共著の『移民史』によると、まだ太平洋でアメリカが日本と戦火を交えている最中でも、

「シカゴ市民はそのように日系人を受け入れてくれたのであるが、何よりも敵国人であるというハンディキャップを乗り越えるために、日系人自身の日常生活を通じての誠実さと、信頼される労働

者であるという証明こそが肝要と信じて努力してきたことが、受け入れられた第一要因であった」[128]と記している。実際生活での真実な生き方こそが最善の証明であった。

メリーデル、ウォルター・ボールダーソン夫妻は、アメリカ・フレンズ奉仕団のメンバーであり、南カリフォルニアに住んで、フォーサイス・ホステルの運営を助けてくれた。それだけでなく、実際にポストン強制収容所を訪れては日系人の持つ独特の日本文化を通して彼らを励まし、力づけてくれた人たちであり、さらには近隣の日系コミュニティーとの交わりを促進し、とかく沈みがちな一世を、ことのほか励ましてくれたのである。[129]

アイオワ州のデモイン市にホステルを開設し、ディレクターとして活躍したアメリカ・フレンズ奉仕団のメンバーにリビー、ロス・ウィルバー夫妻がいる。二年間で総勢七百人に及ぶ入居者のために、親身になって仕えてくれた彼らの尊い奉仕には多くの人々が励まされている。日系二世ジャーナリストのビル・ホソカワもそこを利用した一人であり、アメリカの大学の民族史の授業で、彼の著書『二世』は必読書に指定されている。[130]

ジョセフィン、フランク・デュヴェネック教授夫妻は、一九三七年にカリフォルニア州ロスアルトスに西海岸では初めてユース・ホステルを開設した人物であり[131]、パロアルト・フレンズ集会の

1943年のビル・ホソカワ。
ワイオミング州のハートマウンテン移転センター（強制収容所）で、所内新聞の編集・制作を行っている様子。
写真：アメリカ国立公文書記録管理局、NAID539215、NWDNS-210-G-E658、PD

メンバーでもあった。彼らは毎週木曜日にタンフォーラン集合所を訪問しては、多くの物をもって彼らを励まし続けてくれた。[132] さらには日系人の帰還を促進し、かつ安全に遂行するために、近隣の「公正委員会」（Fair Play Committee）に掛け合ったり、日系人のために多大な便宜を図っており、その所有している土地を公共に提供している。[133]

ゲルダ・アイゼンバーグもデュヴェネック夫妻と同様、カリフォルニア州パロアルトのフレンズに所属していて、収容された日系人のために、パンとコーヒーで彼らを見送り、タンフォーラン集合所に収容された人々の様々なリクエストに応えて、手足となって仕えてくれた人である。彼女はサンフランシスコ湾近隣にホステルを設けて、帰還者のために便宜を図っている。また一九四五年、「公正会議」（Fair Play Council）の最初の議長に選ばれている。それは収容された帰還者たちが安全に生活できる道を開くために設けられた組織であった。[134]

グラシア、レイモンド・ブース夫妻はオハイオ州シンシナティのホステルを任されていた。それまではカリフォルニアのウェスト・コースト・フレンズ集会の牧師で、レイモンドは牧師職を捨ててまでも日系二世の権利回復のために献身し闘ってくれた人物である。[135]

グラシアの手による『How Can We Help Japanese American Evacuees?』という小冊子がある。クリスチャン婦人たちに対するアピールであり、一九四四年十一月に「アメリカ・キリスト教会連邦協議会」から出版されたものである。その冒頭において、彼女が強制収容されていく子どもたちが級友と別れる時の様子や、特に母親たちが細腕ひとつで、拘引された夫不在の家の後始末をしなければならなかった様子や、両手にしか持つことのできない手荷物を抱えて収容されていく時の痛みが描かれている。

日系人が収容所から解放される時が来たら、彼らを訪問し、仕事のあっせんをし、ホステルを開き、家を探し、仕事を見つけるなどして、彼らに手助けをして欲しい、特に日系人を駅に出迎えて彼らを励まして欲しいと訴えている。そこまでして日系人の痛みを共に悲しんでくれた心意気が何ともうれしくなる内容である。

補償請求の援助活動

強制収容された日系人に対する補償請求への思いは、キャンプ時代から人々の中にあった。一九四六年春、コロラド州デンバーで開かれた、戦後初のＪＡＣＬの全国大会で、立ち退きの際に受けた日系人の損害に対し、アメリカ政府から補償を求めようという討議が持ち出された。マイク・マサオカのワシントンＤＣでのロビー活動によって、法案は議会を通過し、[136]一九四八年七月二日にトルーマン大統領がサインをして、日系人立ち退き補償請求はついに日の目をみたのであった。

ところがこの支払いには、いちいち議会の特別措置が必要であり、その煩雑さのため一九五〇年いっぱいかかって司法省が処理できた件数は、わずかに二百十一件、そのうち支払いを認めたのは百三十七件であった。その後修正が加えられ、最後の補償金が支払われたのは、立ち退きから二十三年後、補償請求法成立から十七年後の一九六五年のことだった。

しかし、再度、補償金の話が持ち上がるようになった。その理由は、どんなに多額の財産の喪失をしても、その最高限度額は二千五百ドルであり、その財産の評価基準も一九四二年当時のものであり、補償請求をしても、支払いまで待ちきれずに死亡した人もかなりの数に上っていたことによる。そして何よりも、アメリカ当局に日系人の財産保全の責任が任せられていたにもかかわらず、その補償計画の杜撰さによって、財産損失補償は現実とはほど遠いものとなっていたことによる。

そこで一九七〇年、強制収容所に収容された十二万人の日系人への補償問題が、外交活動家であり、十八歳にして東ロサンゼルス地区のＪＡＣＬ代表になったエディソン・ウノによってもたらされた。それ以来、ＪＡＣＬの決議によって生まれた「損害に関する国民委員会」（National Committee for Redress: ＮＣＲ）と、そこから発展して生み出された「日系人の損害に関する国民議会」（National Council for Japanese American Redress: ＮＣＪＡＲ）、そして草の根運動から生み出された「損害と補償に関する国民連合」（National Coalition for Reparation and Redress: ＮＣＲＲ）とがこの運動を支え続けてきた。[137]

そしてついに一九七六年二月十九日、ルーズヴェルト大統領特別命令発布三十四周年を機に、当時の大統領だったジェラルド・フォードがアメリカ合衆国を代表して、強制収容に伴う苦痛を与えたことに対して公式謝罪をした。フォードは大統領命令を撤回し、強制収容が間違っていたこと、日系人が忠実なアメリカ市民であったことを公認したのである。

次の段階として、日系人の損失をどのように補償したらよいかを問う公聴会が開かれることになった。一九八一年八月、ロサンゼルスで開かれた「戦時市民転住収容に関する連邦委員会」

（Commission on Wartime Relocation and Internment of Civilians：ＣＷＲＩＣ）での公聴会で、戦時中に出された大統領命令九〇六六号に対し、三日間で二百人の証言があった。その中の一人、八十八歳のハーバート・ニコルソン（34頁参照）はパサデナで三度目のガン治療の療養中に出席し、次のように立ち退きが不当であったことを証言している。

「自分ほど戦時中に強制収容された日系人にかかわったアメリカ人はいない。そこで教会員と共に苦しみ、一世が犯罪人のように一まとめにされて、ミズラ（モンタナ州にある抑留所）に連れ去られて行くのに付いていった。それから虫けらのように取り扱われた司法省抑留所にも行った。キャンプ（強制収容所）では日系人と一緒に寝起きし、食事をし、アリゾナでは暑さと砂嵐を経験し、ワイオミングのハート・マウンテン収容所では極度の寒さにも遭った。コロラドでは汚い刑務所にも入れられ、ＦＢＩに付け狙われたこともあった。だから自分としては日系人に同情できる。それだけに日系人も政府に嘆願の手紙を出したりして、政府に訴えることが必要である」[138]

公聴会では三百人あまりの参加者があったのだが、彼が退出する時には聴衆から大きな拍手が起こった。この公聴会はこの後、サンフランシスコ、シアトル、アラスカ、シカゴの各地でも開かれている。アメリカ・フレンズ奉仕団がＣＷＲＩＣに提出した、一九八一年七月十六日付の公式証言記録には三ページにわたり訴えが著されている。フレンズの日系人に対する働きと、それゆえに日系人と直接かかわってきた者としての責任ある立場から、アメリカという民主主義国家の名の下で、日系人に対してアメリカが実行した行為は決して許されるべきものではなく、強制収容されてもなおこれまでの三十九年間、沈黙を守ってきた彼ら日系人の痛みを知って欲しい、との痛烈な訴えがしたためられている。

一九八三年六月十六日、十八カ月にも及ぶ公聴会での検討の結果、ＣＷＲＩＣはアメリカ政府が強制収容した日系人に対して、一人当たり二万ドル、計十五億ドルの補償金を支払うよう公式に国会に勧告した。しかし、この働きの背後には実に大きなフレンズのサポートがあった。

以下はフレンズ・ジャーナルに掲載されたワシントンＤＣのＪＡＣＬ常務委員だったグレース・ウエハラのコメントである。[139]

「一九八二年の二月に出されたＣＷＲＩＣの最終報告と一九八三年六月の事実聴取や財政的負担の調査に基づいて、すでにＪＡＣＬが一九八〇年に設立していた立法制定教育委員会（Legislative Education Committee：ＬＥＣ）を再興し、ワシントンＤＣでのロビー活動を活発にすることにしました。

上下両院の日系議員は、一九八三年秋に最初の損害補償法案提出の準備に取りかかることにしていましたが、現実のところ、多くの日系人にとって、法案が議会を通過して法制化するために、十分な政治的力を持っているとは思えませんでした。ましてや、議会に通じていた人たちは、この法案が日系人のサポート以上のものがないと、通過できないということも感じていました。そこでJACLはワシントンDCにある市民・人権団体、特に宗教団体の助けを得ようとしました。その結果、フレンズの国内立法制定委員会が、日系人補償請求法案成立のために奔走することになったのです。クエーカーによる草の根ロビー活動が、この法案成立の鍵を握っているボストンとインディアナポリスを除く、ニューイングランド地区、インディアナ、アイオワ、そして南部諸州ではじまることになり、それらの州でのロビー活動のために、JACLやLECも代表者を送ってはフレンズと専心これにあたりました。フレンズはまた彼らの連絡網を通して関係者にアピールをしました。そして一九八八年八月に第三回目の補償請求法案を議会に提出することによって、ついに成立したわけですが、そのためには日系人と痛みを共にしてきたフレンズの物心両面での犠牲的なサポートがあって法案成立に至ったことを忘れてはならないと思います」

このようにして一九八三年にこの法案が可決成立して、ロナルド・レーガン大統領によってサインされるのを待つばかりになったのだが、彼はそれを一年余りも放置しておいた。

保守的なレーガン大統領は、最初からこの法案に賛成していたわけではなく、署名するかどうかは疑問視されていた。また当時、景気停滞と物価上昇を解決しようとレーガン大統領はレーガノミクスというユニークな経済政策を行い、結果として財政と経常収支の「双子の赤字」に悩まされていた。そのような危機的状況にあった時の「切り札」が、ジュン・マスダの手紙だった。

一九四四年八月、ヨーロッパ戦線で名誉の戦死をしたカズオ・マスダ軍曹は、首都ワシントンDCにあるアーリントン国立墓地に埋葬できたのだが、遠く離れた東部に埋葬するよりも、遺族は彼の生まれ故郷である南カリフォルニアに埋葬したかった。それをサンタアナ市に問い合わせたところ、

「ジャップを埋める墓などない」

と言下に断られた。また地元の人たちに、

「戻ってきたら殺す」

とまで言われた。どこに問い合わせても埒が明かなかった。それを聞いたジョゼフ・スチルウェル将軍がマスコミ関係者を集めて、マスダ軍曹の記念叙勲式を行ったのである。ヨーロッパでの二世部隊の活躍を知ってもらう絶好のチャンスだと思ったからである。

将軍はマスダ家の小さな農家の前で、彼の姉のメリーに殊勲十字章を授与し、それを彼女は母に

渡した。もちろん、その順序も前もって遺族に伝え、礼儀を尽くして母堂に手渡されるようにプログラムを組んでいた。その後、サンタアナ・ボウルで式典を行い、将軍が、

「アメリカニズムとは、金や肌の色で測れるものではない」

とスピーチした。続いて、映画俳優の若い大尉が壇上に上がった。彼は、

「海岸の砂を染める血の色は、みな同じ一つの色である」

という名せりふを残した。[140]

それからかれこれ四十年ばかりの月日が経った。再度、日米戦争中に強制収容された日系人に対する補償をすべきだとの声が起こり、上下両院議会で承認された。だが、なかなかレーガン大統領が良い返事をせず、一年余りも放置していた。そこでカズオ・マスダ軍曹の妹のジュンが、大統領と親しいトーマス・キーン・ニュージャージー州知事を通して大統領に手紙を手渡した。

「レーガン大統領、かつて兄のカズオの記念叙勲式で、当時大尉であったあなたが、〈海岸の砂を染める血の色は、みな同じ一つの色である〉と言われたではありませんか」

ジュンはサンタアナ・ボウルでのメッセージを記した当時の新聞の切り抜きを、証拠として差し

1988年、「市民の自由法」に署名するレーガン大統領と、その様子を見守る日系の議員たち。
写真：ロナルド・レーガン大統領図書館（PD）

出したのだった。当時の式典でスピーチした若い将校とは、誰あろう後のレーガン大統領であった。[141]

それから間もなく、彼はその正式謝罪文書にサインをした。一九八八年八月十日のことであった。

一九九〇年十月九日に初めて補償金の支払いがなされたが、この話がエディソン・ウノによってもたらされてから二十年、最初の法案提出から四十もの春秋が流れていた。

現在、南カリフォルニアのファウンテン・ヴァレーにはカズオ・マスダ中学校（Kazuo Masuda Middle School）があり、ロビーに軍曹の写真が飾られている。アメリカの勝利に貢献した日系人のヒーローであった彼は、地元の人々にとって、今も忘れられないヒーローの一人となっている。

天皇家の英語教師となったクエーカーたち

クエーカーと日本とのかかわりを振り返る時、戦後、天皇家の英語教師となった二人に言及する必要があるだろう。今上天皇が明仁親王殿下であった時の英語教師として、二人のクエーカーが選ばれている。その二人とはエリザベス・ヴァイニングとエスター・ローズである。天皇陛下とこの二人の英語教師とのご親交は、生涯続くことになる。人格的にも人間的にもえり抜きの教師たちと、当時の皇太子殿下との会話が生きいきとして聞こえてくるようである。

皇室とクエーカーとのかかわりとしては、新渡戸稲造博士が普連土学園の後援会長をしていた時に、秩父宮妃殿下がワシントン州にあるフレンズの学校で学生として一時期、勉学に励んでおられたという経緯がある。

エリザベス・ヴァイニング

エリザベス・G・グレイは一九〇二年、フィラデルフィア市近郊に生まれた。ブリンマー大学では英文学専攻であった。その後、ノース・カロライナ大学の図書館司書として働いていた時に、将来の夫になるモーガン・ヴァイニングが見初め、一九二九年に結婚した。それから五年も経ずして交通事故で彼は帰らぬ人となった。

しかし、彼が残してくれた幸せな結婚生活は何物にも替えがたい喜びであったし、それから独りで生きてゆくための大きな力となった。もちろん彼を思い出すたびごとに、悲しみが波のように押し寄せて来て、そのつど、悲しみと共に生きてゆかねばならないと自分に言い聞かせていた。そして不思議なことに、彼がいつも傍にいることが思い起こされては、心が躍る経験をしたのだった。

彼女は教師でもなければ、日本についての専門家でもなかったし、日本の皇室に対する知識も持ち合わせてはいなかった。むしろ彼女は十代の子ども向けの歴史小説家であり、十七冊もの本を出版していて、その分野でのトップ賞をいくつか受賞していた。

一九四六年にアメリカ教育総監、ジョージ・ストッダード博士が進駐軍の代表の一人として、日本教育の見直しを図るために二十七人の一行と訪日した際、当時クエーカー教徒であった文部大臣の前田多門と会っている。昭和天皇はこの二人を招き、その時に、

「十二歳になる明仁親王の英語教師はいないものか」

とお尋ねになられている。家庭教師としては、すでにイギリス人のレジナルド・ホーレス・ブライスがいたのだが、[142]

「ぜひ、アメリカから」
と言われたのである。続いて天皇陛下は、
「年齢は五十歳ほどで、あまり熱狂的ではないが、クリスチャンで新鮮な感じのする女性が好ましい。もちろん日本語が話せたら文句はないが」[143]
と付け加えることをお忘れにならなかった。

1949年の軽井沢で、浅間山を背景にした皇太子殿下とエリザベス・ヴァイニング夫人
写真:コヤマ・コモロ所蔵

もっとも天皇陛下がアメリカ人家庭教師の話を持ち出されたのは、マッカーサー総司令官の高級副官であるボナ・フェラーズが、

「皇太子は西洋の思想や習慣を学ぶべきであり、そのためにアメリカ人女性を家庭教師にすべきである」

と当時の吉田茂外務大臣に進言していたからであった。[144]

アメリカに帰ったストッダード博士のもとには、多くの教師希望者からの手紙が寄せられた。しかし、当時すでに日本と教育の面で少なからぬかかわりを持っていたクエーカー教徒の普連土女学校関係者、エスター・ローズやクエーカー関係者からの推薦もあって、エリザベス・ヴァイニングが選ばれたのだった。[145]日本版シンデレラ・ストーリーである。[146]

一九四六年十月、四十四歳のヴァイニングが初めて訪日した。そして昭和天皇にお目にかかったのだが、その時に陛下は、エスター・ローズのことをお尋ねになっている。彼女がアメリカで戦中・戦後の混迷の極みにあった日系人を献身的に助けた働きを存じていたのである。

ヴァイニングは皇太子殿下はじめ、天皇家、学習院、女子学習院、津田塾大学でも英文学を講じた。彼女はすべて英語で講義をした。初めてのクラスで彼女は、殿下に親しみやすい英語の名前を付けた。「ジミー」であった。それはたまたま彼女の一番好きな名前でもあった。[147]

何にも勝って力を入れて教えたのはテニスであった。体で覚える英語がいちばん早く身に付くと考えたことによる。そこで殿下に社会性を学んで欲しいと願ったからである。どんなゲームでも他の生徒が皇太子殿下に勝ってはいけない、などとは決して教えなかった。卓球でも順番が来るまでお待ちいただいたという。

私の手元にある一九五二年一月十六日付の英字新聞に、ヴァイニングから学んでいる皇太子殿下と他の二人の同級生の写真が掲載されている。そのうちの一人がキヨシ・トガサキである。

彼の父ジョージ・キヨシ・トガサキは、一九〇六年十月にサンフランシスコ教育委員会が地元の公立学校から隔離しようとした日系人児童九十三人のうちの一人である。それは打ち続く日系社会への一連の迫害の一つであった。彼はJACLのパイオニアであり、教育者、ジャーナリストであり、渡日してからは『ジャパン・タイムズ』紙社長に就任している。国際基督教大学の最初の理事長であった。

ジョージ・キヨシ・トガサキはアメリカ移民一世で、日系人社会草創期のリーダーの一人だった東ヶ崎菊松の子息である。何か見えない糸で皇室とアメリカの日系

人社会とが結ばれているようで、それが嬉しくもあり、何か身近に見る一幅の絵のようでもある。

ヴァイニングの教師としての働きは、彼女がアメリカに帰る一九五〇年十二月まで続いた。それ以上いても自分の教えを繰り返すことになり、更に広範囲の人格的学びを必要とする殿下にとって、自分はこれ以上日本に滞在すべきではない、と考えたからであった。

その帰国の年、彼女の功績に対して、天皇陛下から勲三等瑞宝章が贈られている。帰国後はブリンマー大学の理事役員として二十年間奉職した。一九九九年十一月二十七日にペンシルヴェニア州のケネット・スクエアで死去した。享年九十七歳であった。

エスター・ローズ

エスター・B・ローズは一八九六年、ペンシルヴェニア州のフィラデルフィア市近郊ジャーマン・タウンのローズ家の次女として生まれた。父のエドワードは開業医で、一家は敬虔なクエーカー教徒であった。叔父のジェームスも医者であったが、彼はブリンマー大学の初代の学長となっている。

ローズは小中高一貫してクエーカーの教育を受け、その間、折に触れてフレンズの献身的日本伝道が華々しく語られ、日本での女子教育などの話を聞く機会があり、それらを通じて日本人への理解を深めていったようである。彼女はまたヤング・フレンズ運動に熱心にかかわっていたが、自分の将来について悩んでいた頃、全米ヤング・フレンズ会議でクラレンス・ピケットらの奉仕の意義を強調する話を聞いて、大いに心を動かされたのだった。

やがてローズは一九一七年、まだ二十一歳の若さで東京・三田にある普連土女学校の教師として初来日した。しかし、教師としてさらに多くの学びの必要をおぼえ、一九二一年にはインディアナ州にあるクエーカーのアーラム大学で学士号を取得し、普連土女学校に復職して一九四〇年まで女子教育にあたった。その間の一九二六年にはコロンビア大学で修士号を取得している。

彼女はたぐいまれな知恵と天衣無縫の性格の持ち主といわれた。その一端を垣間見るある事件が起こった。一九三五年のこと、普連土女学校教師館階下のメイドの部屋で、荒々しく争っている物音が聞こえてきた。彼女と共に同僚の教師サラ・スミスも目をさました。女学校に入った泥棒をメイドが見つけ、それでドタバタしていたのだった。その時にローズは言った。

「下まで私についていらっしゃい。できるだけ大きな物音をたてながらね」

二人が一緒になって努力したことが功を奏し、侵入者は震えおののいているメイドに近づく前に、退散していたというエピソードである。

一九四〇年にローズは帰国したが、日米戦争勃発のために再来日かなわず、母国に留まること六年の長きにわたった。その間、アメリカ・フレンズ奉仕団職員として、一九四五年まで強制収容所につながれていた多数の日系人の世話をしたり、国務省に掛け合ったり、アメリカ軍による日本の都市への無差別爆撃の即時停止を嘆願するなどしている。ちなみにこの都市爆撃によって日本の主な都市の八〇％が壊滅し、二千百万人が家屋を喪失したとされる。[148]

ローズは戦後の一九四六年六月に、「ララ」代表として来日した。民間人としては同年の三月に教育視察団が初めてアメリカから日本を訪れているが、それに続く。「ララ」では大佐の地位であった。その後、一九四九年に第四代普連土学園長に就任し、それから一九六〇年に帰米するまで、理事長、学園長を務めた。

同時にアメリカ・フレンズ奉仕団の事業の一つとして、日本で国際セミナーをはじめている。外国との行き来が自由でなかった当時の青年男女に、日本人学生と外国人学生を自由に討議させ、国際理解と交流の重要性に目を開いてもらおうというプログラムを、毎年のように続けてきたのだった。

一九五〇年、エリザベス・ヴァイニングが日本を離れるに当たり、皇太子殿下の教育係りであった小泉信三から、

「皇太子の英語教育を続けるのに、だれか後継者はいないだろうか」[149]と尋ねられ、その場でローズの名を上げた。ローズが皇太子の英語教師となったのは、ヴァイニングの強い後押しがあったからである。[150]

ヴァイニングがアメリカに帰った後、ローズは六年間にわたって皇太子殿下と皇后様の英語会話教師として週一回の御進講を続け、義宮殿下（常陸宮正仁親王）と内親王方の授業も受け持っている。

帰国後、日系の南カリフォルニア・キリスト教教会連盟主催で、日米友好の親善使節として活躍した彼女の講演会が催されている。

1960年のエスター・ローズ
写真：普連土学園（東京）『普連土学園100年のあゆみ』（1987年）より

一九六〇年には天皇陛下からローズに勲三等瑞宝章が贈られている。日本赤十字社も彼女に「最高栄誉賞」を贈り、東京都も彼女に「都のかぎ」を贈っている。

私の所属する東洋宣教会・北米ホーリネス教団の母体であるロサンゼルス教会には二人の普連土女学校の卒業生がいた。一人は長谷川鶴であり、彼女がワイオミング州ハート・マウンテン強制収容所に収容されていた時、ローズが彼女をペンシルヴァニア州にある教育施設・ペンドル・ヒルに招いて二年間の学びのチャンスを与えている。もう一人は斉藤みつで、ローズが一九七七年に普連土学園創立九十周年記念で日本を訪問する途上、ロサンゼルスの彼女の家に立ち寄っている。[151]ローズは彼女が斉藤忠と結婚した時の司式者でもあった。ローズがどれほど学生たちから慕われていたか、斉藤夫妻から良く聞かされたものである。

一九七八年六月二十五日、皇太子殿下ご夫妻は、南米パラグアイおよび南米移住七十周年記念式典のためのブラジルご訪問の後で、フィラデルフィアに立ち寄られ、ヴァイニングとローズとのご親交を深められている。

その翌年の一九七九年二月四日に、ローズはフィラデルフィアで心臓麻痺のために亡くなった。享年八十二歳であった。突然の死を知らされた皇太子殿下は、

「昨年お会いした時は、大変お元気のようで思いもかけないことです。また日本でお会いできると思っていましたのに」[152]

と話され、六日に弔電を打たれている。

ローズは彼女の人生の大半である六十二年間、日系人と日本人に仕えた。彼女ほど彼らを愛した人物も稀有であろう。彼女のように大らかな心の持ち主はなかなか見つからない、と言われたほどに人々から親しく「グレート・ハート」と呼ばれた人物であり、[153]文字通り彼女こそ日本人と日系人のヒロインであった。

五章　フレンズのように日系人を助けた人々

エメリー・アンドリューズ

エメリー・アンドリューズはシアトルの日系バプテスト教会英語部の牧師であった。戦中、彼の教会員はまずシアトル市南部にあるペアラップ集合所に入れられたが、それから四カ月間、彼は毎日のようにそこを訪問しては彼らを励ました。

それから教会員はアイダホ州ミニドカ強制収容所に移送されたが、彼も同行した。彼はシアトルに残してある教会関係者の家具や必要品を取りに行ったり、家屋のチェックをしたり、預けてきた商売がどうなっているかを見届けるなど、多忙を極める日々を送った。ミニドカは一九四五年十月二十八日に閉鎖されたが、その後も彼は帰還した日系人の仕事のあっせんをしたり、戦争花嫁といわれた女性たちのために英語クラスを開いたり、日本から移住して来る人たちの世話をしたりで、生涯にわたって日系人の世話に当たった。一九七〇年にアンドリューズは勲五等瑞宝章を贈られている。一九七六年に召されたが、彼の意識には最後まで日系人への配慮があったという。[154]

浅野七之助

戦前のカリフォルニアには在米日本人に土地所有を認めない「外国人土地法」や、日本人の移民を制限した「移民法」、それに日本人がアメリカ市民となる「帰化権」を認めないという不平等問題が州法として存在していた。それを日本人は三大市民運動[155]としてそれぞれ勝ち取ってゆくことになる。

戦後間もない一九四五年九月下旬、サンフランシスコで外国人土地法対策、特にフレッド・オーヤマ土地法事件[156]支援のために第一回有志懇談会が開かれた。これは『日米時事』紙社長、浅野七之助の発案である。一九四六年のカリフォルニア州最高裁判所では敗訴したが、続いて浅野のリーダーシップによって設けられた、「民権擁護協会」（Society for the Promotion of Japanese-American Civil Rights：ＳＰＪＡＣＲ）は、翌年アメリカ連邦裁判所に上告した。そこでフレッド・オーヤマ土地法

浅野七之助
写真：盛岡市先人記念館提供

盛岡市先人記念館
盛岡市本宮字蛇屋敷2-2
浅野七之助の紹介ページ

に対するカリフォルニア州最高裁の判決は、土地法を憲法違反として棄却した。一九一三年の外国人土地法以来、三十五年ぶりに日本人が手にした歴史的快挙であった。

そして最後に残されたのは「帰化権」である。これはアジア移民の中では最後まで日本人に与えられなかったものである。この権利の獲得こそは日本人にとってアメリカで生きてゆくための最大の課題であり、叫びであった。一九五二年五月、マッカラン・ウォルター移民帰化混合法が成立し、日本人はついに念願の「帰化権」を獲得したのだった。この偉業には浅野七之助はじめ、関係諸団体、特にＪＡＣＬなどの働きが大きい。浅野は一九七三年に勲三等瑞宝章を贈られている。[157]

ウィリアム・アキスリング

アメリカン・バプテスト・ミッションから派遣されたウィリアム・アキスリング宣教師は、一九〇一年に渡日し、仙台や盛岡の開拓伝道に従事した。[158]一九〇五年の凶作と大飢饉の時には農民救済をし、一九〇八年からは東京・三崎町に三崎町会館というキリスト教教育、社会事業、地域活動を兼ねた施設を建設している。さらに東京深川では医療センター施設の設立をし、一九二三年の関東大震災では救援活動をした。一九三一年の不況時には数千人の無料宿泊と一万五千人の給食をしている。

太平洋戦争初期、アキスリング夫妻は日本に残ったが、その理由は次のようであった。
「自分たちが日本にとどまることは、国家間の緊張と摩擦の激しい障害の中にあっても、それを越えてキリスト者が堅く結び合うべきことを証するためである」[159]
しかし、一九四二年九月に彼らは捕虜収容所に強制収容され、翌一九四三年九月に二人は最後の捕虜交換船「帝亜丸」で帰米させられた。戦時中はアメリカを巡回伝道し、「売国奴」とまでののしられても日本と日本人を愛し、欧米の人種差別を糾弾し続けた。もちろん日系人強制収容所も訪問し、心から歓迎されている。
一九五四年にアキスリングは勲二等瑞宝章[160]を授与され、東京都は最初の名誉市民として、長寿

ウィリアム・アキスリング
写真:『名誉都民小伝』東京都、1955年
(Wikimedia PD)

のお祝いである「鳩杖」を贈っている。一九六三年に南カリフォルニアのローズ・ヒルズ墓地の中の桜の園（Cherry Blossom Garden）と呼ばれる、多くの日本人が埋葬されている一角に葬られている。[161]

シャーマン・バーゴイン

一九四二年、シャーマン・バーゴイン牧師はオレゴン・メソジスト教会の年会において、オレゴン州フッド・リヴァー市のアズベリー・メソジスト教会の牧師に任命された。フッド・リヴァー市近郊には百軒ほどの日系人家族が住んでいた。彼らは、りんごと梨の果樹栽培をしており、その品質において全米でも指折りの生産者であった。戦争勃発により、彼らはカリフォルニア州フレスノ市近郊のパインデール集合所に収容された。ところが、日系人立ち退き後、その地の在郷軍人団を中心に猛烈な排日運動が起こった。それは日系人の所有する果樹園を無代価で買収しようとする魂胆からであった。

バーゴイン牧師には日系人の友人は一人もいなかったが、この排日運動がアメリカ建国精神に反するのみならず、人道上においても決して許されないことだと主張し、彼らと激論を交わし、そのためにいい尽くせない迫害を受けたのであった。さらに在郷軍人団は同地のコートハウスに掲示されてあった名誉録（オーナーロール）から十六人の出征日系軍人の姓名を除去してしまった。牧師はその不法を全米在郷軍人団本部に申し立て、ついに解決をみたのであった。ところが少数の日系人が同地に帰還しはじめると、再び猛烈な排日運動が起こった。牧師は地元住民が彼らに危害を加えるのではないかと危惧し、官憲の協力を要請、その保護に努めたのであった。

バーゴイン牧師は同地では散髪もできず、買い物もできず、友人や知人、さらには教会員からも挨拶されないような四面楚歌の状況であったが、ついに一九四七年、「人道の勇者」としてトーマス・ジェファソン賞を授与されたのだった。同時にアルバート・アインシュタイン、エレノア・ルーズヴェルト大統領夫人、歌手のフランク・シナトラなどが表彰されている。[162]

パトリック・バーン

日米戦争が終わって、日本における当面の大きな課題は〝鬼畜米英〟と教えられてきた駐留軍の上陸の問題である。勝利に酔う何十万という兵士がやってくる。東京をはじめ日本の各都市は、増大する恐怖と混乱のさ中にあった。そこで駐留軍に対して神父からのメッセージが最善だということで選ばれたのが、戦争中も一人京都に残って、平和の祈りに専心していたアメリカ人司祭パトリック・バーンであった。

彼は一八八八年、ワシントンＤＣに生まれた。かつてはメリノール会の副総長として、全米カトリック界の信望を担った人物であった。バーン神父が来日したのは一九三五年であり、滋賀県で活動を開始し、二年後には京都教区の初代教区長となった。日本を愛し日本にとどまった神父は、上陸前のアメリカ軍将兵に向かって、東京の日本放送協会（ＮＨＫ）から、

「わが息子たちよ」

とラジオで訴えた。彼のメッセージは日本人が知らないところで、何度も英語で放送された。そして将兵たちの心を打ち、日本人を救った。彼は「大和撫子《やまとなでしこ》（日本人女性のこと）の恩人」と言われる。

一九四七年に朝鮮半島に教皇使節として渡ったが、朝鮮戦争勃発後に囚われの身となり、雪嵐の舞う中、捕虜として北に徒歩で向かう最中、一緒に歩く人々に自分の食料を与え、自ら犠牲となって神に命を捧げたのであった。一九五〇年十一月二十五日に召されたといわれる。[163]

ラルフ・ローレンス・カー

一九四二年春、日系人が自由立ち退きをしている時（三月二日から同月二十七日まで）のこと、コロラド州のラルフ・ローレンス・カー知事は、

「もし私たちが人道的立場から彼らを理解し、親愛の手を差し伸べなかったらアメリカ社会を崩壊させることになる」[164]

と言って日系人を助けようとした。
なぜ自分の立場が不利になるのを知りつつも、そのような確固たる表明をしたのかというと、常々アブラハム・リンカーン大統領を師とし、彼が自分の立場だったら、どのようにするだろうかと考えていたからだった。そのカー知事の立場は南北戦争の最中の次のリンカーンの言葉に拠る。
「やがて政治家としての使命を終えた時に、たとえ地上で全ての友を失ってしまうことになっても、少なくとも私の心の中に一人の友が居て、その友と心からの信頼関係で結ばれるような、そんな政治をしたい」[165]
今でもデンバー市内の中心地にある日系センター「サクラ・スクエアー」には、カー・コロラド

1944年のコロラド州知事ラルフ・L・カー
写真：米国議会図書館のハリス＆ユーイングコレクションより（PD）

デンバー市内にあるラルフ・L・カーの胸像（2008年）
写真：Jeffrey Beall、
wikimedia- Ralph Lawrence Carr bust Denver（CC）

州知事に対する感謝の印として、彼の胸像が建てられている。

シャーロット・デフォレスト

神戸女学院大学学長であったシャーロット・デフォレストは、マンザナに収容された日系人のケアに当たった人物である。彼女は一八七九年に大阪で、アメリカン・ボードから遣わされた宣教師の次女として生まれた。その年の五月に大阪教会で、同志社大学の創設者となった新島襄から幼児洗礼を受け、一九一五年には神戸女学院の第五代院長に就任している。

女学院の急速な発展に伴い、岡田山に新校舎を建て一九三四年に落成式を行っている。彼女のたぐいまれな優れた組織力の結果であった。一九四〇年一月、アメリカに帰国したが、その年には日米戦争がはじまり渡日できなくなってしまった。

そのような中、彼女は旧友から日系人収容所で日本語の分かる相談員を求めていることを聞いた。そこで一九四四年六月から翌年の十二月にマンザナ強制収容所が閉鎖されるまで、カウンセラーとして働くことに

1901年のシャーロット・デフォレスト
写真：スミス・カレッジ（PD）

なった。一九四七年六月に彼女は日本に帰り、それから二年間、戦後の変動期の女学院の運営に尽力し、一九七三年、南カリフォルニアで九十四年間の生涯を閉じている。彼女の遺骨は両親の眠る仙台の墓地に葬られている。一九五〇年に勲四等瑞宝章を受章した。

ジュリアス・ゴールドウォーター

一九四二年、ターミナル・アイランドで日系人救済に当たっていたヴァージニア・スワンソン宣教師の緊急要請にこたえて、白人僧侶のジュリアス・ゴールドウォーターも応援に駆けつけた。彼はロサンゼルス近郊の仏教会に働きかけてホステルをオープンした。ゴールドウォーターを除く開教使（仏教宣布のため外国への布教をはかるために教団が海外に派遣した僧侶）全員がFBIに拘引されてゆく中で、収容されている日系人の所有物を本派本願寺別院などで管理し、南カリフォルニアにある十カ所の仏教寺院を維持した。また各地の収容所に散在している関係者の慰問をし、帰還する日系人に対してはホステルを再開するという孤軍奮闘の活躍を見せている。そのような彼はアメリカ人から中傷され、非難されたが、それに屈することなく、彼は自分の信念を守り通した。[166]

J・フラートン・グレセット

一九〇七年に来日し、横浜バプテスト神学校教授で、関東学院中学校理事であったグレセットは、戦争直前に家族をアメリカに帰して一人抑留所に入って戦時中を過ごした。食料事情が思わしくない中、極度の栄養失調になった。終戦の年、子息に会うことはできたが、一九四五年十一月にアメリカで治療を受けるために米軍厚木基地で空軍機のタラップに足を掛けたとたんに倒れて帰らぬ人となった。彼の墓は東京・多摩霊園にある。

左記はグレセットの東京抑留所（世田谷区玉川田園調布）での祈りである。

「今からでも、われわれの祖国が、その行為を悔い改めますように。米国民が、戦争の準備を止めますように。彼らが日本を圧迫した故に、どれ程非難されるべきかを、深く考えますように。おお、神様よ、日本帝国を誤って取り扱ってしまったという恥ずべき行為の故に、われわれを許したまえ」[167]

エリザベス、キャサリーン・ハンバーガー姉妹

二人の姉妹エリザベスとキャサリーン・ハンバーガーはカリフォルニア州ストックトン高校の英

語教師として毎放課後、時には日曜日までもストックトン集合所に収容されていた生徒たちを訪問しては彼らを励ましている。

戦争以前から日系人の生徒たちを世話し、遠方の生徒たちを自宅に寄宿させるなど、生徒たちへの温かい心配りをしていた。その献身的な働きのためにエリザベスは一九三六年に日本政府から日本、韓国、満州を訪問する十五人の教師の一人に選ばれている。

生徒たちは戦時中に強制収容所に移されて行ったが、そこから大学、就職へと出て行く時に必要なのは推薦状である。二人は五百人以上の生徒たちにその便宜を図っている。一九七八年、二人は勲四等瑞宝章を贈られた。[168]

アレン・ハンター

ロサンゼルス近郊、マウント・ハリウッド組合教会のアレン・ハンター博士や教会メンバーたちも、近隣のハリウッド独立教会の日系人が拘引されて行く時に、コーヒーとサンドイッチで見送った人たちである。特にハンターは日系人収容に反対し、社会運動家の賀川豊彦の社会変革にならって、戦時中、「和解交流」（Fellowship of Reconciliation）西海岸地区議長となったり、教会自体が良心的兵役拒否者たちのシェルターとなった。

特に彼は、マンザナに収容されて悶々としていた青年たちのケアに多大な時間を費やした。また日系人収容に関する聴聞会で、日系人即時解放を訴えたことによって多くの脅迫を受けたのだが、組合教会は彼を支え、帰還してくる日系人に様々な便宜を図った。[169]

メリー・ジェッシー

メリー・ジェッシーは仙台の尚絅《しょうけい》女学院の教師、管理者、婦人ミッションの代表として、アメリカン・バプテスト・ミッションから派遣された。一九一一年のことであった。一九四一年四月に長期休暇で帰国するが、それは六年の長きにわたった。その間の一九四三年二月から一九四六年五月まで、アリゾナ州パーカーにある日本人抑留所で教職に就いた。ジェッシーは一九四七年一月二十二日に戦後の日本に帰ったが、サンフランシスコを出航する時、多くの見送人に向って日の丸の旗を振りつつ、皆の拍手のうちに日本に向ったという人物である。仙台に到着して、アメリカ軍が彼女のために学院まで自動車を出してくれるという時にも、

「私はアメリカの軍隊とは何の関係もありません」

と言ってたくさんの荷物を自分で持って、学院まで歩いたという人であった。新しい日本に本当の民主主義を伝えたいという思いがそうさせたのであろう。[170]

スタンレー・ジョーンズ

スタンレー・ジョーンズは著名なメソジストの伝道者であり、ルーズヴェルト大統領とも親しい関係にあった。一九四一年十一月二十九日、米国日本大使館の一等書記官の寺崎英成は、ルーズヴェルト大統領に直接会って和平交渉をしてほしいと、ジョーンズ博士に進言した。[171] それは日本の外務省を通じてではなく、大統領が直接、天皇陛下に電報を送るようにすれば陛下の命令に日本政府は従うであろうから、戦争は回避できると思うので、そうして欲しいという内容であった。

それに応えて大統領は、ジョーゼフ・グリュー駐日アメリカ大使を通して陛下に親電を送った。[172] 戦争勃発二日前の十二月五日のことであった。後日、天皇陛下は寺崎英成に、

「もし、その電報をルーズヴェルトから一日早く受け取っていたなら、攻撃（真珠湾）は避けられたものを」[173]

と慨嘆された。[174] 彼は一九四二年、全米七カ所もの強制収容所を訪問して、何千人もの日系人に福音を語っている。[175] アジアやアフリカ、そして日米間の平和推進に貢献したとして、ノーベル平和賞の候補に上がったこともある。

賀川豊彦

賀川豊彦は一九一九年に日本基督教会の牧師となったが、社会運動家、社会事業家でもあった。一九四七年と一九四八年にノーベル文学賞、さらに一九五四年から三年連続でノーベル平和賞の候補に上がっている。アルバート・シュヴァイツァー、マハートマ・ガンディーと共に世界の三大聖者といわれる。

一九四一年四月、太平洋戦争のはじまる半年前のこと。平和使節としてアメリカでの三カ月間にわたる伝道講演旅行を終えての帰途、賀川はお別れの牧師たちを前にして話しはじめた。

「今度の渡米の目的には、一つの大きな使命があったのです。近衛公（近衛文麿総理大臣）からひそかに依頼されて、ルーズヴェルト大統領に日本と中国との間の調停をしてもらうためです」

と。[176]だが、六月二十二日には独ソ戦が開始され、続いて七月二十三日には日本軍が仏印に進駐することによって、その計画は水泡に帰した。そこでルーズヴェルト大統領は、

「カガワ、これではどうにもならない。近衛さんとの会談の件は取り消してくれ」[177]

と言ってきた。

賀川は帰国後も盟友スタンレー・ジョーンズを通じて、再び近衛・ルーズヴェルト会談を開くよ

うに計画したり、日米平和のために最善を尽くした。彼は一九六〇年四月二十三日、七十一年の生涯を終えようとする日の朝、

「教会をお恵みください。日本をお救いください。世界の平和をお守りください」

と祈って召天した。[178] 彼はこの日、勲一等瑞宝章を授与されている。

1920年頃の賀川豊彦
写真:賀川豊彦記念・松沢資料館
wikimedia(PD)

1935年に渡米する賀川豊彦
写真:賀川豊彦記念・松沢資料館
wikimedia(PD)

セシル・ランカスター

一九二二年の北九州市小倉の西南女学院の設立にかかわり、戦時中も日系人と深くかかわったセシル・ランカスターは、バプテスト・ミッションから遣わされた宣教師であり、父側はペンシルヴェニア州に移住したクエーカー教徒であった。

一九四一年四月に彼女は休暇でテキサスに帰り、各地で講演して歩いた。そのような中で日米戦争がはじまり、日本に帰ることができなくなった。戦時中はアリゾナ州リバースにある日系人抑留所で高校教師として働き、一九四三年からはヒラ・リヴァー強制収容所の中に住み込んで二年半、高校生に英語を教えた。二世のために日曜学校で教えたり、一世のグループとも欠かさずに親しい交わりをした。

彼女は戦後、西南女学院に帰任し、短大を発足させ、高等学校長も務めている。一九五二年には勲五等瑞宝章を受賞している。[179]

ヒュー・レイヴリー

レイヴリー神父（8頁参照）にまつわるユニークなエピソードをご紹介しよう。彼はマンザナ強制収容所に食糧物資を運び入れる地元のアメリカ人業者が、不正を働いていたことを知っていた。しかし、彼は黙っていた。やがて日系人が収容所から解放されて西海岸に帰還することになっても、彼らには依然として仕事がなかった。そこで神父はその不正を働いた業者に、

「日系人に仕事を与えよ。さもなくば、かつての不正を暴くぞ」

と言った。いわば脅した訳である。

その結果、その業者は多くの日本人を雇ったのだった。これはまさに、『レ・ミゼラブル』の日系版といえよう。そのストーリーは、銀の食器を盗んだ泥棒をとがめなかったミリエル神父の話であるが、レイヴリー神父は逆に業者の不正を利用して、日系人に祝福をもたらしたのだった。[180] 日本政府は一九六六年四月に、彼の三十年にわたる日系社会への貢献に感謝し、勲五等瑞宝章を贈っている。[181]

ラルフ・ラゾー

ラルフ・ラゾーはスペイン系とアイルランド系の両親に生まれ、ロサンゼルス近郊のベルモント高校の生徒であった。だが、戦争勃発に伴い、彼の日系の友人たちがマンザナに収容されるというので、彼らの痛み悲しみを自分のことのように思い、[182] 自らマンザナに入ったのだった。一九四二年

から一九四四年までの三年間、日系人と一緒に収容生活を送り、マンザナ高校を卒業した。卒業の年、彼は陸軍に入り、一九四六年までフィリピンに送られ、その後、教職に就いている。

彼は生涯、日系人のサポーターとして、強制収容された日系人の補償運動の熱烈な支持者であった。一九九二年元旦に召されている。人々から、

「なぜ収容所に入ったのか。入る必要はなかったのに」

と問われると、いつも次のように答えたという。

「私たちの誰も入る必要はなかったのだよ」[183]

彼は日系人の血縁関係者以外で収容所に入った唯一のアメリカ人となった。

マイク・マサオカ

マイク・マサオカは一九一五年にカリフォルニア州のフレスノで生まれた。一九三七年にユタ大学で経済と政治学を修得したが、その当時から弁論のチャンピオンといわれた。日米戦争直前、二十五歳にして全米日系市民協会の総書記として指名される。彼は日系人部隊の創設にかかわり、彼自身も率先してアメリカ軍兵士として志願し、他の二世たちにもアメリカに忠誠を誓うよう勧めたのだった。

1942年、戦争移転センター収容前のマイク・マサオカ（左から二番目）と日系アメリカ人市民連盟の友人グループ。
写真：米国国立公文書記録管理局NAID536454、NWDNS-210-G-A563、PD

マサオカは戦後、アメリカ議会のロビーストとなった。彼のロビー活動の最大の働きはマッカラン・ウォルター移民法と帰化法の成立であり、それによって一九五二年に初めて一世に帰化権が与えられた。これは全米日系人の悲願であり、マサオカの働きに負うところが大であった。一九五二年、サンフランシスコで開催された全米日系市民協会大会で彼は、

「移民帰化法は、勇気をもって、たゆまぬ努力を惜しまず、今日を築きあげてきた米国における一世パイオニアに対する、二世の心からの感謝の印として捧げる贈り物である」

と述べて、満場の拍手を送られた。

一九七二年に彼は全米日系市民協会を離れたが、彼の自伝がビル・ホソカワとの共著で一九八七年に発行された。タイトルは、『モーゼと呼ばれた男　マイク・正岡』（塩谷紘訳、TBSブリタニカ、1988年）で、アメリカ議会で一九四〇年代に、反対政党から名付けられたものであった（かつて、エジプトで奴隷であったイスラエルの民がモーゼによって解放されたように、マサオカは日系人を種々の縄目から解放したという意味）。一九九一年六月二十六日に七十六歳で召されている。下院議員のノーマン・ミネタはマサオカを、「二〇世紀において最もすばらしいアメリカ人のひとり」と評している。[184]

ラルフ・メイベリー

ヴィクター・オカダ著『勝利は武器によるものではなく』には、三十三人の日系アメリカ人クリスチャンの強制収容所での証言が記されている。困難な中にあった日系人のために、ラルフ・メイベリーの献身的な働きについての証言が頻繁に出てくる。

バプテスト・ミッションのメイベリー総主事は、ガソリンが戦時統制品として制限された中でも、事情を知る人たちの援助によって、ロサンゼルスからアリゾナ州のポストンに十二回、カリフォルニア州のマンザナに十回、さらにはアーカンソー州ローアという具合に各強制収容所を回っては慰問をし、日系人を励まし続けたのだった。[185]

メイベリーのかかわった助命運動に、二世で日本軍兵士だった川北友弥事件がある。戦時中、大江山米軍捕虜収容所に勤務していた彼が、アメリカ人捕虜を虐待したとして訴えられ、同じ日系人間においてすら同情者がなく、彼は二世の面汚しだとののしられていた。このような中で、人知れず助命嘆願に尽力したのがメイベリーであった。その結果、大統領の特別扱いにより、市民権剥奪と日本への追放で片付いたのだった。[186]

ラルフ・スメルツァー

ラルフ・スメルツァーはブレザレン教会の牧師であった。一九四二年二月二十五日、ターミナル・

アイランド在住の日系人が四十八時間以内の立ち退きを命じられた時、彼はフレンズのウィリアム・ブラフ医師に依頼されて、ホイティア近郊のノーウォークにあった日本語学校に四十人の日系人を移送している。日系人が集合所に連れて行かれる時には彼らのために車を用意し、フレンズと一緒にコーヒーとサンドイッチで見送ったのであった。

　彼はマンザナで高校の数学と生物の教師として雇われた。当初、収容所の中では不穏な空気が漂っていた。出征するか、しないかで彼らは反目し合っていたのである。命の危険すらあった中で、彼は渦中にあった人たちを助け出し、結局六十人をマンザナ収容所の外にあるデス・ヴァレーの仮収容所に移送したのだった。

　当時は戦争中ということもあり、アメリカ国内ではどこでも働き人を必要としていた。日系人も全米各地に仕事を求めて出て行った。そこでスメルツァー夫妻は、日系人の多く集まったシカゴにホステルを開くことを決め、やがてベタニー神学大学院寮の一角に設けられたホステルの主任として遣わされた。一九四三年の秋、彼らはミシガン湖畔エヴァンストン、さらにはニューヨーク市のブルックリンにもホステルを開いた。ＦＢＩは絶えず彼らを監視していたのだが、ついに、「極端に信仰熱心で日本びいき」という結論が出た。スメルツァーは一九七六年に召されている。[187]

六章　隣人を愛するということ

静かなヒーローたちへの感謝

戦後、日系人がアメリカ社会で認められるようになったのは、第二次大戦中の日系人からなる四四二部隊をはじめとした二世たちの犠牲的働きの故である。しかし一方、祖国日本を思い、アメリカへの忠誠を誓わなかった人たちはどうなのであろう。

戦争参加に反対した日系人で、「ノー・ノー・ボーイ」[188]と呼ばれた人たちがいる。アメリカ政府は強制的に日系人を収容したにもかかわらず、一九四三年二月、アメリカに忠誠を誓う、ある二つの質問をした。徴兵の場合、アメリカ軍兵士として従軍する意思があるかどうか、そして、アメリカを守るために天皇への忠誠を放棄して、アメリカ軍兵士として無条件で戦うか、という質問であった。まさにアメリカ版「踏み絵」である。

その両方に対して「ノー」と答えた人たちが、「ノー・ノー・ボーイ」である。その数は日系人全体の約一〇%にあたる。彼らは彼らなりにそれも良かれと信じて誓わなかった。それによって、カリフォルニア州とオレゴン州との州境にあるツールレーク隔離収容所に入れられた。それは刑務所であった。彼らは臆病者といわれ、悪者扱いされたのである。

だが彼らについて、二〇一二年十二月十七日、八十八歳で召されたダニエル・イノウエ上院議員は次のように語っている。

「彼らを臆病者と呼ぶ人もいます。それは違います。彼らの行動は多くの強さと勇気が必要でした。刑務所に入るのは簡単なことではありません。体を張るのは簡単です。でも精神的な強さを持つのはとても難しい。我々は勇気をもって正しいと思ったことをし、彼らも正しいと思ったことをしました。これがアメリカの流儀です」[189]

イノウエ上院議員は、日系人四四二部隊兵士として、第二次世界大戦の戦線で勇敢に戦い右腕を失っているが、その彼の言葉は重い。

クエーカーも立場こそ違い、「ノー・ノー・ボーイ」と同様に戦争に反対した。しかも戦時中にもかかわらず、敵である日系人に愛の手を差し伸べたということは、同胞のアメリカ人からも白眼視され、罵倒され続け、命まで脅かされたということである。それでもなお日系人を助けてくれた彼らクエーカーたちも、勇気ある人たちといえまいか。否、私は彼らこそヒーローだと叫びたいのである。

このヒーローという言葉は、まさしく彼らのために取って置かれた言葉だと思うのだが、いかがであろう。しかも彼らの貢献度は、フレンズがドイツで受賞した「ノーベル平和賞」以上の働きであると、私は確信している。

そのような勇気と感動をもたらしてくれた彼らこそ、私たち日本人や日系人が忘れてならない心の恩人であり、「静かなヒーローたち」である。

フレンズこそ真の友

フレンズの貢献に対して一九四九年、日本は国会で戦後のフレンズがかかわったララ救援物資への感謝をしている。[190]また、ロサンゼルスのリトル東京・東一番街にあった「江南楼」でも、一九四六年九月に南カリフォルニアの日系人教会連盟主催で、フレンズをはじめとして二百五十人ほどのアメリカ人教会関係者を招き、戦時中の彼らの献身的な行為に対して感謝会を開いている。[191]さらにＪＡＣＬでもフレンズの犠牲的貢献に対して感謝を表している。[192]

ところが残念なことにそれらの感謝も、クエーカー全体の働きというよりも、個人的なものや、単発的な行為に対しての感謝にならざるを得なかったというのが実情であった。日本や日系人に対するクエーカーの貢献や働きに関して、歴史的・体系的にまとめられた文書が少ないこともあり、そこで、この小書を通して、大まかながら少しでも彼らの働きの全容を知っていただければと願った次第である。

本書は学術論文でもなければ、神学書でもない。ただ、クエーカーや他の団体の愛の働きを、一人でも多くの人々に知ってもらいたいとの一念からまとめ上げたものである。しかも、これは何も私個人の願いというよりも、彼らの貢献を知っている日系人たちの陰の声に支えられている。

このフレンズの愛の働きを多くの人々に知ってもらい、彼らに対する感謝の時をもちたいと願い、諸団体にこれらの話をまとめてみてはどうだろう、と持って行っても、私たちの手には負えないと言われて、何度も挫折を繰り返してきた。説得できる具体的な資料に乏しく、気持ちだけが先行していたからである。そのようにして十年の月日が流れた。

だが、フレンズのアメリカ日系人社会と日本へ差し伸べられた愛を世に知らしめるのは、やはりそれを知った者の責任だと思う。そこで敢えてフレンズでもなく、戦争体験者でもなく、彼らの恩恵を直接体験したことのない、全くの部外者である私が、拙筆をかえりみずに筆を取らせていただいた次第である。

それにしても一世紀近くもの間、日本や日系人のために、クエーカーたちはよくも仕えてくれたものである。限られた人材と財を駆使し、このアメリカという土地で迫害と差別の中にあった日系人の側に立って、日系人同胞以上に愛の行為をもって見守ってくれたのは、何といっても彼らの神への信仰と彼らの使命とする平和主義から来ている。

戦時中、かつて日本に遣わされた宣教師でさえ、日系人の訪問を拒んだという中で、クエーカーたちは物心両面にわたって、私たちの先達を助けてくれた。その行為は、どれだけ忍耐と勇気を必要としたことであろう。現在の私たち日系人があるのは、日系二世部隊の活躍もさることながら、それに優るとも劣らないクエーカーたちの蛮勇ともいうべき愛と励ましとがあったからではなかろうか。

もちろん彼らだけではなく、教会、教派、宗教、国境を越えて、実に多くの人たちが日本及び日系人に対して多大な愛を示してくれたし、多くの分野で貢献をしてくれた。その中でも特にバプテスト教会の貢献は大きかったし、カトリックの犠牲的な働きも大きかった。それらの人たちへの働きは五章に記してあるとはいえ、それら関係者全ての働きをここに列挙できないことを、平にお許しいただきたい。

だが、それらの多くの人たちの働きの中にあっても、彼らクエーカーの行為は際立っていたし、徹底していた。いつか日系社会で、彼らへの謝意を表わしたいものである。そのためにこの小冊子が、少しでも啓発の足しになればと願っている。それはまた、私たちアメリカに住む日系人の大切な務めであると思う。そしてクエーカーたちに、

「あなた方こそ私たち日本人、日系人には文字通り真の友、フレンドでした。心からありがとう」

と言わせていただきたいのである。

敵を愛した人たち

さて、本書でも取り上げたように、二十世紀初頭、北米アメリカの日系人社会は迫害と差別の中で呻吟していた。挙句の果てに、太平洋戦争中は十二万人もの日本人・日系人が鉄条網と機関銃の向けられた中西部十カ所の強制収容所に幽閉された。しかもそれは、ミッドウェイ海戦でアメリカの大方の勝利が判明した後でのことであった。アメリカ政府は後日、謝罪することになるが、その行為には日系人に対する憎悪がそこかしこに見え隠れしていた。

だが、そのようなアメリカ国内の風潮の中で、クエーカーたちの目は、迫害と弱さの中で耐えている日系人に対して、敵という中垣を越えて擁護しようとした。彼らは日系人と同じ立場に自分の身を置いて尽くしてくれたのである。そのように身を粉にして労してくれた彼らの愛には敬服とい

う思いを越えて、驚きさえ感じるのである。

彼らクエーカーは日本やアメリカ在住の日系人のみならず、戦火のベトナムに対して、そして現在では飢饉に苦しむ北朝鮮に対しても食糧支援の一環として、農業技術支援で貢献している。そして中国でも、アフリカの干ばつに喘ぐ人たちのために尽力している。誰に知られなくても、誰に認められなくても彼らは地道に、着実に、そして何の報いを求めずに貢献している現実を見る時に、何が彼らをしてそのように出て行かせるのであろうかと思う。

今の私たち日本人、あるいは日系人として、クエーカーに対する感謝の気持ちを表すために、具体的に何をしたらよいのであろうか。あるいは、戦争の最中に、身を挺して日本在住の日本人とアメリカ在住の日系人（日本人も含む）を守り助けてくれた彼らの蛮勇ともいえる行動に対して、何ができるのだろうか。それらを考えるときに、以下の事実に目を留めようと思う。

二〇一六年五月、現職のアメリカ大統領として初めて広島を訪れたオバマ大統領が、被爆者の男性と抱擁を交わした。男性の名前は森重昭（七十九歳）さん。彼は広島の原爆で亡くなったアメリカ人捕虜について四十年以上にわたって調べてきた。この抱擁の場面は多くの海外メディアも取り上げたことで、アメリカ人も原爆で亡くなっているという事実が広く伝えられ、核廃絶に向けての新たな動きを呼び起こしている。オバマ大統領の訪問の際、大統領は演説で一人の被爆者の存在に触れた。

「広島で被爆死したアメリカ人捕虜のことを調べた日本人がいる。彼にとって捕虜たちの死は家族の死と同じ意味をもつことだったからだ」。

森さんは八歳の時に被爆した。生き残った自分が原爆の被害を調べ、伝える責任があると考えた森さんは、調査の中で広島で捕虜となったアメリカ兵が原爆で亡くなっていた事実を知った。長い間、広く知られることのなかった十二人のアメリカ兵の死を調べた森さんは、一人ひとりの兵士を割り出し、遺族に伝える活動に力を注いできた。広島市内に兵士たちを慰霊するプレートも作り、アメリカ兵の被爆した事実を伝えてきた。しかし、原爆を落とした側のアメリカ兵の調査に、日本人からはほとんど共感が寄せられて来なかった。それでもアメリカ人の被爆の実態を知ってもらうことで、原爆は他人ごとではないということを知って欲しいという思いが、森さんを突き動かしてきた。

長年、アメリカの大統領に広島に来て欲しいと訴え続けてきた森さんはついに、オバマ大統領との面会を果たし、これまでの苦労がようやく報われたと感じているという。

「十二人も米兵が広島で亡くなっていても、それをあまり認めてくださる人が少なかったように思うんですよ。涙が出ました。うれしかった。やっと認められた」。

歴史的な抱擁をきっかけに森さんの思いが広く伝わり始めている。[193] 森さんの行為は、日本人からは快く思われなかったとしても、それにもめげず、敵兵を愛し続けてきた森さんの生き方に、心からの敬意を表したい。

さらに二つの例を紹介しよう。その一つが蒋介石の告示である。一九四五年終戦の年の八月十五日、午前十一時、当時の中国の指導者、国民政府の蒋介石主席（一八八七—一九七五）は、戦時首都の重慶の中央放送局で、ラジオ放送を通じて中国人民に告示している。同日の十二時に日本では昭和天皇の玉音放送といわれる終戦の詔勅が発令されたが、その一時間前のことであった。この告示によって中国に在住していた日本軍人と居留民二百万人は無事帰国することができた。捕虜もなく、賠償もなく、日本列島の分断占領も阻止された。蒋介石は「汝の敵を愛せ」の聖書の言葉を引用して、「はっきり言っておくが、もし暴行をもって敵の過去の暴行にこたえ、奴隷的侮辱をもって間違った優越感に報いるなら、恨みは更に恨みを呼び、永久に止まることなく、これは決してわが仁義の軍隊が戦った目的ではない。これこそわが軍民各自が、今日とくに留意すべき所である」

とまで言わしめた内容である。

フィリピンのエルピディオ・キリノ大統領（一八九〇—一九五六）も同様である。太平洋戦争末期、フィリピンでは日本軍によって十万人もの市民が殺されたという。日本への憎悪、それが当時のフィリピン人の偽らざる感情だった。大統領自身、妻と三人の子供たちと親族五人を日本兵によって無慈悲に殺されていた。しかし、一九五三年、カトリックの信者であったキリノ大統領は、妻の親族の反対と国民感情を押し切って、死刑囚は終身刑に、残りは釈放し、日本に送還した。巣鴨プリズンの終身刑の囚人も釈放した。もちろん、国民の非難と反発はすさまじいものだった。キリノは再選を狙ったが、大敗だった、そして二年後、キリノは六十五歳で癌のため病死する。しかし、後年、あれほど反発していた国民の間から、大統領の決断は正しかったことを認める人たちが出てきたのだった。「ずっと憎しみを持ち続けたままでいいのか」と煩悶し、「日本人もまた被害者だ」と考えるに至った人、彼らは憎しみを越えて「赦す」ことを選んだのだった。[194]

本当の敵とは誰のことか

従来、敵は憎むべきものと教えられてきたが、それに対してイエスは「汝の敵を愛せ」（マタイ5・44）と言われたのである。前代未聞のことばである。イエスは十字架上で、妬みのためにご自分を殺す者に対し、「父よ、彼らをお赦しください。彼らは何をしているのか分からないのです」（ルカ23・34）と叫んでいる。自分を殺す者さえも赦すイエスの究極の愛の祈りによって、相手の心が溶かされ、彼らの心をも救い主ご自身に向けさせることができたのである。私たちには、相手がどんな人たちであっても彼らを愛する務めがあると聖書は教える。私たちは彼らが救われるために、自分のことのように、彼らを守り、助け、祝福しなければならない任務が与えられているというのである。

それは何よりも彼らも神の前に永遠に生きる権利があるという信念から来ている。神の愛を知って初めて見えてくる世界であろう。本来、「敵は愛せこそすれ、憎むべき存在ではない」からである。敵を愛せない自分こそが最大の問題なのである。敵とはもともと自分の作り上げた幻想から生まれてくる。最も親しい家族、夫婦の中ですら、自分の気に食わないことがあると、そこから違和感が生まれ、それに留まればまだ良いが、それから敵対関係が生まれてくるというのが世の常ではなかろうか。

ここで本当の敵について語ろう。「神がわたしたちの味方であるならば、だれがわたしたちに敵対できますか」(ローマ8・31)という信仰の勝利を叫ぶ使徒パウロの凱歌があるが、このみ言葉ほど、手垢にまみれた言葉はない。多くの戦争が、神の名によって始められ、宗教者の多くが、自国の勝利のために、神に味方するように祈ったのだ。まだ記憶に新しいニューヨークでの同時多発テロ事件に端を発するイラク戦争でも、多くのアメリカの教会は、それを正義の戦争と呼び、「神はわれらの側に」と祈った。しかし、私たちは単純に宗教にその原因を持ってゆくべきではない。その背景にあるもの、貧困や格差、そして民族主義や独善主義、そういったものが複雑に絡み合い、その極みに達した憎悪がテロ活動となって現れているからだ。今後も暴力の連鎖が起こらないように祈るばかりである。[195]

では、このパウロの言葉の真意はどこにあるのだろうか。この神を味方とすることによって、打ち勝たなければならない敵とはいったい誰なのか。私たちが勝利すべき相手とは、十字架の死をもってまで、自分を殺す者のためにさえ赦せ、と迫ったイエスの愛に敵対する私たち自身なのである。そうであればこそ、日々、絶えず、自分と向き合うために、神の言葉である聖書に照らし合わせて読む必要があるというものである。それによって自らを軌道修正する必要がある。その頑迷な敵である自分が降参するためには、神の絶えざる愛の語りかけしかないのである。クリスチャンといえども、容易に世の風潮に流されやすいからである。

つまり、私たちにいったい何ができるのかというと、それはまず、自分の足元を見つめることから始まると言える。敵をも愛せない自分に気づき、それを可能にしてくださる神に祈ることからすべてが始まるからだ。友よ、世界のどこかに出かけて行って、そこで身を粉にして労することは問題なく尊い。だが、その前に為すべきことがあることを忘れてはなるまい。

己を知り相手を知る

「一九八八年六月、ニューヨークの高校で、広島、長崎の被爆者が生徒たちに被爆体験を語り終えた直後、校長が質問した。『パールハーバーがなければ原爆もなかった。それをどう思うのか』。被爆者は唇をかみしめて沈黙した。被爆者は原爆投下を問われた時、よく『米国を憎んでいない。憎いのは核兵器』と答える。『米国が投下した原爆』ではなく、主語のない投下された原爆にしないと「主語（アメリカ）」は激高する。核兵器廃絶の切実な願いを米国に届けるために、怒り、憎しみを覆い隠して被爆の惨状を語るという心理的葛藤を強いられてきた」[196]

こうした歴史の傷痕と続く葛藤にはこう答えたい。日本軍の真珠湾攻撃など、日本に責められることも多々ある。しかしそれゆえにお互いを認め合い、赦し合うという努力が必要になってくる。つまり、己を知り、相手の立場に立って理解することから、相手を思いやる心が生まれてくる、と。

そこで、日本人としてアメリカで勇気ある言動をした、ある高校生のストーリーを紹介しよう。[197]
古賀野々香さんが二〇一八年半ばから一年間ワシントン州リッチランドのハイスクールに留学した際、その学校のロゴに原爆のキノコ雲が使われているのを目の当たりにし、ショックを受けた。リッチランドは長崎の原爆に使われたプルトニウムを製造した街だ。終戦を早め多くの米兵の命を救った原爆が製造されたことを誇りとするリッチランドのハイスクールの学生達に、古賀さんの視点からのビデオを作成し公開した。古賀さんは九州福岡県の出身で、その日、空が晴れていれば原爆が投下された町、小倉で生まれた。予定が変更されなければ、今の自分がこうして存在しえなかったことも語り、ビデオはインターネットでも広まった。リッチランドはもとよりアメリカ中でいろいろなメディアが取り上げ日本でも報道された。大きな称賛を与えられて然るべき古賀さんだが、同様にビデオの作成を手伝ったホームステイ先の家族、公開の機会を与えてくれた学校の先生、そしてビデオを見た後にそれまでとは違った捉え方を知り、それを提示した古賀さんへの感謝と勇気を称賛した同校の学生達の態度にも心を動かされる。古賀さんのように勇気を持って語りかけていけば、壮絶な戦争体験をされた方達のストーリーではなくても、タイプの違った語り部になり得るだろう。留学先のリッチランドで、原爆への認識の違いに目を向けさせるきっかけを作った古賀さんの行動の余波はいま、リッチランドを越えて全米に広がっていく。

このように自分を知り、相手の立場に自分を置こうと努める時に、お互いを認め合うことができる。それは私たち人類に課せられた本来の務めであり、生き方だと思うからである。そして、この互いの立場を認識するという生き方は、あらゆる状況に通じる。飢餓、紛争、避難民など、どんな場合であれ、その人たちの立場に立って考えることではなかろうか。

人はそれぞれ、イデオロギー、いろんな主義主張それぞれを信じて人は生きてきた。だがしょせん、それは自分中心、自国中心にしか考えられない人間の限界である。その展開が人類の歴史ではなかったか。今もそうである。それは将来も同様であろう。だから、自分ではない、自分すら愛せない者を神が愛して下さったという事実に立つ必要がある。そうなのだ。神の愛の力によってでしか、世界は変わらないのである。人には平和は造れないからである。

だが、そこに聖書を持ち出して自分の正当性を訴えてきた人間の、悲しい歴史が介在している。クリスチャンといえども、政治に引き込まれてゆく時に多くの場合、道を踏み外してきたのである。

一方で、クエーカーは平和、簡素、平等を彼らの主な信条にして、自らに示された神の光によって行動をするように生きてきた。周りがどうあれ、自分の国がどのように進もうと、神は何を願っておられるかを絶えず聴き、彼らの良心と共に、そこに語りかけられる神に全幅の信頼を置いて突き進んできた人たちである。それは国境、文化、言葉を越えて相手の立場に立つことであり、相手に聴く人たちなのである。相手の立場に立つ時に、自分の考えや主義主張とは違った世界が見えてくる。

汝の隣人を愛せ

最後に〝本題〟に戻ろう。本書の題名『隣人を愛するということ』について、具体的に記しているのが新約聖書のルカの福音書で、通称「良きサマリヤ人[198]」といわれる箇所である。以下、簡潔にまとめてみよう。

ある人が強盗に襲われ、瀕死の状態で道端に倒れていた。折しもユダヤ人の祭司たちがそこを通りかかったが、彼らはその人を見ても、何もせずに道の向こう側を通っていった。その後、一人のサマリヤ人がそこを通りかかり、彼は見ず知らずの倒れたその人を手厚く介抱して助けた、という話である。そこでイエスは、あなたもこのサマリヤ人のように、あなたの助けを必要としている人の隣人になりなさいと言われたのである。「良きサマリヤ人」と言われるゆえんである。

ここで、なぜ祭司たちが強盗に襲われた人を助けなかったのかというと、旧約聖書には死体に触れると汚れていると見なされる律法があるため、祭司たちは既に死んでいるかもしれない人に触れることを憚った。本来は神を愛し、人を愛するために与えられた律法を、当時の人々は、自分たちの都合に合わせて解釈し、それにがんじがらめにされていた。

だがそうであれば、助かる命も助からないことになる。これほど本来の意味からかけ離れた解釈はない。強盗に襲われて半死半生の状態であれば、有無を言わずに助けるのが本来の神の教えであり、人のあるべき姿ではないのか、とイエスは叫びたかったのである。

つまり、聖書の説く「隣人を愛するということ」は、あなたの助けを必要としている人のために、自分から進んで隣人になって仕えてゆく、という積極的な愛の行動なのである。

このイエスの譬《たとえ》え話に出てくる「良きサマリヤ人」にならい、蛮勇ともいうべき愛を示してくれたのが本書で紹介したフレンズたちであり、日本人も在米日系人も、彼らの愛に多くを負っている。だからこそ、今、戦禍の中にある人々はもとより、私たちが、自分たちの身近で不遇な境遇に置かれている人々や、さまざまな困難や痛みの中にある人々の隣りに歩みを進めること、敢えて隣人となることも、彼らの愛に応えることではないだろうか。あなたというひとりの人の行動から愛が生まれ、その輪が波紋のように広がって周りを変えてゆき、世界を平和で包むと信じている。

小さな一歩で良い
思いやりのあるひと言で良い
一輪の花を手渡すだけで良い
あなたから行動を起こしてみてほしい
良き隣人となるために

脚注

1 Claire Gorfinkel, ed., *The Evacuation Dairy of Hatsue Egami* (Pasadena: Intentional Productions, 1996) , p.11.

2 Achim von Borries, *Quiet Helpers* (London, Philadelphia: Quaker Home Service and American Friends Service Committee, 2000), p.1.

3 Brian Niiya, ed., *Japanese American History* (New York: Factson File, Inc.1993) , p.101.

4 山田和明『六十九回の誕生日会』（私家版、一九九六）八頁。

5 米田豊『昭和の殉教者』（キリスト新聞社、一九六〇）一六頁。

6 ハワード・ブリントン『クエーカー三百年史』（基督友会日本年会刊、一九六一）一三頁。

7 Gingerich, Melvin (1949). *Service for Peace, A History of Mennonite Civilian Public Service*. Mennonite Central Committee.

8 *Quaker World Statistics, U.S.Religious Landscape* by the Pew Forumon Religionin Public Life in 2008.

9 Lawrence Miller, *Witness for Humanity* - A Biography of Clarence E.Pickett (Wallingford, Pennsylvania: Pendle Hill Publications, 1999) , p.172.

10 *American Friends Service Committee Bulletin* in 1997.

11 2000 Year Bookby National Council of the Churches of Christ in the USA.

12 新渡戸稲造記念館 - 新渡戸歴史事典 - 新渡戸稲造 http://www.nitobe.jp/inazo/index.html

13 湊晶子他『日本開国とプロテスタント宣教１５０年』（いのちのことば社、二〇〇九）六七頁。

14 木村恵子『河井道の生涯　光に歩んだ人』（岩波書店、二〇〇二）三五頁。

15 前掲書、一八三頁。

16 前掲書、一六三頁。

17 ルーズヴェルト大統領の死が報じられた時、当時の日本首相であった鈴木貫太郎は、東京がB29の爆撃で焼け野原になっている中で、アメリカ国民に哀悼の意を表している。それはアメリカのみならず、ヨーロッパ各紙においても、さすが武士道だと賞賛されている。

18 内村鑑三は新渡戸稲造と共に札幌農学校でクリスチャンとなり、後に第一高等中学校教員となり無教会主義、平和主義を唱えた日本キリスト教界のリーダーの一人。
19 守部喜雅『勝海舟　最期の告白』（いのちのことば社・フォレストブックス、二〇一一）一〇六頁。
20 木村恵子、前掲書、四七頁。
21 『普連土学園百年史』（普連土学園百年史編纂委員会、一九八七）。
22 『植村正久と其の時代第四巻』（教文館、一九三八）の二八二頁に病院の写真があり、八人の看護婦たちが写っている。彼女らが総出で救護にあたったに相違ない。
23 小堀孟『日本の友会の歴史』（私家版、一九八七）四三頁。
24 前掲書、二五頁。
25 前掲書、七一頁。
26 前掲書、一九&二四頁。
27 木村恵子、前掲書、九〇頁。
28 彼はフレンズの代表・クラレンス・ピケットと共に「ヤング・フレンズ」で労している。一九二六年から一九四六年まではフィスク大学の学長であり、一九四六年から一九五八年の間はアーラム大学の学長となっている。
29 一九二三年九月二十六日にトム・ジョーンズからフィラデルフィアの本部のウィルバー・トーマスにあてた手紙。
30 前掲書。
31 Gurney Binford, *As I Remember It, 43 Years in Japan* (Los Angeles: Friends Book Store, 1950), p. 203.
32 Edith F. Sharpless, *Quakerism in Japan* (Friend World Committee, 1955).
33 エスター・B・ローズ記念出版委員会『一クエーカーの足跡』（ワセダ・ユー・ビー、一九八〇）五七頁。
34 ハーバート・ニコルソン『やぎのおじさん行状記キリストの愛の軌跡』（CLC暮らしの光社、一九七四）二二五頁。
35 前掲書、二三三頁。
36 前掲書、二三一頁。
37 飯野正子『もう一つの日米関係史』（有斐閣、二〇〇〇）一四八頁。

38 前掲書、一五六〜一五九頁。
39 前掲書、一四五頁。
40 前掲書、一五一頁。
41 西田恵子『コミュニティ振興学部紀要第十二号』（常磐大学　二〇一一）一八頁。
42 長江好道『日系人の夜明け：在米一世ジャーナリスト浅野七之助の証言』（岩手日報社、一九八七）一五九頁。浅野七之助については五章も参照。
43 上坂冬子『文芸春秋　季刊夏号 special』（文芸春秋、二〇〇八）一九頁。
44 前掲書、一六四頁。
45 『毎日新聞』一九九六年十一月二十五日。
46 *Friends Journal*, Quaker Thought and Life Today, November, 1992, p. 24.
47 *The Pacific Citizen*, March 26, 1965.
48 Anthony Manousos, eds., *A Western Quaker Reader* (Anaheim: KNI, Inc., 2000), p. 75.
49 『羅府新報』二〇一三年二月二十一日。
50 Misako Tachibana, *The Reflection of the Flash* (Maranda Reprographics and Printing Inc., Calgary, Alberta, Canada, 1996).
51 鈴木譲二『日本人出稼ぎ移民』（平凡社選書、一九九二年）七二、一〇〇頁。
52 今野俊彦、藤崎康夫『移民史』（新泉社、一九八六）一〇七—一〇八頁。
53 石川好『カリフォルニア・ストーリー』（中公新書、一九七三）一八一頁。
54 今野俊彦、藤崎康夫、前掲書、一一〇頁。
55 小村万太郎『明日の友』（婦人之友社、一九九五秋）四〇〜五〇頁。
56 Sheldon Jackson, *Legacy of Hope* (Friends Church Southwest Yearly Meeting, 1995).
57 Carl Hilding Nelson, *Whittier Friends Church: Eighty-Eight Years of Service*, 1975.
58 「ナザレン新報」第八十七号、一九五五年四月一日（英訳）。
59 ホーリネス信仰とは信仰者が経験する信仰覚醒であり、自我に目覚める経験である。「きよめ」ともいう。その信仰のゆえに木田は帰国後、巣鴨刑務所に五カ月間留置される身となった。

60 John Mizuki, *2006 Survey of Churches Serving Japanese People in the United States.*

61 Lawrence Miller, *op. cit.*, p. 129.

62 前掲書。

63 前掲書、一四四頁。

64 Clarence Pickett, *For More than Bread* (Boston: Little, Brown and Company, 1953), p. vii.

65 Lawrence Miller, *op. cit.*, p. 47.

66 *American Friends Service Committee Bulletin*, August 26, 2003.

67 Shizue Seigel, eds., *In Good Conscience* (San Mateo: AACP Inc., 2006), p. 306.

68 フランク・チューマン（小川洋訳）『バンブー・ピープル〈上〉』（サイマル出版、一九七八）二四四頁。

69 Brian Niiya, *ed., op. cit.*, p. 344.

70 軍事地域一と二とがあり、前者のそれは西海岸三州の西半分、アリゾナ州の南半分が立ち入り禁止区域であり、後者は一九四二年三月から前者に加えてカリフォルニア全域が立ち入り禁止区域となった。

71 鶴来真『日系アメリカ人』（講談社、一九七六）一二二頁。

72 二〇一〇年九月にカリフォルニア議会は「フレッド・コレマツ・デー」を設定した。アジア系アメリカ人としては初めての選出である。今後、毎年一月三十日にコレマツがどのようにして市民とし権利遂行にかかわり、今日的にどのような意味を持つのかを学ぶ日となった。

73 Brian Niiya, ed., *op. cit.*, p. 119.

74 佐渡拓平『カリフォルニア移民物語』（亜紀書房、一九九八）一二頁。咸臨丸の乗組員三人の墓もサンフランシスコ近郊のコルマにある、日本人墓地の一角にある。

75 ユウジ・イチオカ（富田虎男・粂井輝子・篠田左多江訳）『一世』（フリープレス、一九八八）四七頁。

76 ハリー・キタノ『アメリカの中の日本人』（東洋経済、一九七四）二二四〜二二六頁。

77 Brian Masaru Hayashi, *For the Sake of Our Japanese Brethren* (Stanford: Stanford University Press, 1995), p. 138.

78 Toru Matsumoto, *Beyond Prejudice* (New York: Friendship Press, 1946), p. 17.

79 *Manzanar*, Manzanar National Historic Site California. The National Park Service, U. S. Department of the Interior.

80 前掲書、六五〜六九頁。

81 加藤新一編集『米国日系人百年史』（新日米新聞社、一九六一）一三四四頁。

82 Clarence Pickett, *op. cit.* , p. 295.

83 Anthony Manousos, eds. , *op. cit.* , p. 52.

84 Lawrence Miller, *op. cit.* , p. 174.

85 前掲書、三一四頁。

86 前掲書、三一九頁。

87 *The Pacific Citizen*, March 26, 1965.

88 Lawrence Miller, *op. cit.* , p. xi.

89 園田義明『隠された皇室人脈　憲法九条はクリスチャンがつくったのか!?』（講談社＋α新書、二〇〇八）。

90 Lawrence Miller, *op.cit.*, pp.212–213.

91 日本軍の満州、仏印（ベトナム、ラオス、カンボジア）からの即時撤退と日独伊同盟の否認。

92 渡辺昇一、岡崎久彦『賢者は歴史に学ぶ』（株式会社クレスト社、一九九七）二三〇頁。

93 前掲書、二〇三頁。

94 Shizue Seigel,eds., *op.cit.*, pp.21–27.

95 Gurney Binford, *op. cit.*, pp.219–222.

96 FriendsJournal, *op. cit.*, p.12.

97 ビル・ホソカワ（飯野正子・今井輝子・篠田左多江訳）『一二〇%の忠誠』（有斐閣、一九八二）一四一頁。

98 Shizue Seigel,eds., *op. cit*, pp.29–43.

99 フランク・チューマン、前掲書、二八三—二八八頁。

100 Anthony Manousos,eds., *op. cit.*, pp.48–49.

101 Nancy Joseph *"45 YEARS LATER, AN APOLOGY FROM THE U.S. GOVERNMENT"* (2000, University of Washington).

102 『羅府新報』二〇一二年五月三十一日。

103 エスター・B・ローズ記念出版委員会、前掲書、七一—七四頁。

104 Toru Matsumoto, *op. cit.*, p. 27.

105 Shizue Seigel, eds., *op. cit.*, p. 54.

106 「ヒラ・リヴァー」と発音するが、英語では Gila River となる。

107 ハーバート・ニコルソン、前掲書、二一〇頁。

108 FriendsJournal, *op. cit.*, p. 9.

109 収容所に宿泊するには当局の許可が必要であったが、ニコルソン宣教師などは日系人牧師の宿舎に寝泊まりしているし、クエーカーで日系人学生転住連邦会議のフィールド・ディレクターであったトム・ボディンなども同様にしている。学生たちのために一日十時間から十四時間も働いてくれた人たちである。

110 エスター・B・ローズ記念出版委員会、前掲書、一九〇頁。

111 Morris Edna, *To the Board of Directors of the AFSC.* October 5, 1942.

112 Friends Journal, *op. cit.*, p. 11.

113 Shizue Seigel, eds., *op. cit.*, pp. 93–108.

114 前掲書、一三二〜一四三頁。

115 フィラデルフィアのAFSC所有の書簡。

116 Gary Okihiro, *Storied Lives* (Seattle and London: University of Washington Press, 1999), pp. 34–35.

117 Brian Niiya, ed., *op. cit.*, p. 102.

118 Robert W. O' Brien, *College Nisei* (New York: A New York Times Company, 1978), p. 139.

119 Anthony Manousos, eds., *op. cit.*, p. 38.

120 Toru Matsumoto, *op. cit.*, p. 116.

121 エスター・B・ローズ記念出版委員会、前掲書、七九—八〇頁。

122 ハーバート・ニコルソン、前掲書、二二三頁。
123 Shizue Seigel, eds., *op. cit.*, p. 57.
124 前掲書、二七九頁。
125 Toru Matsumoto, *op. cit.*, pp. 144–145.
126 Resettlement Bulletin, *Final Number*, April, 1946.
127 Information Bulletin, Japanese American Relations Committee Number 9, April, 1943.
128 今野俊彦、藤崎康夫、前掲書［脚注54］、二八八頁。
129 Shizue Seigel, eds., *op. cit.*, p. 279.
130 ビル・ホソカワ、前掲書、三五〇頁。
131 ヴィクター・オカダ（今泉信宏訳）『勝利は武器によるものではなく』（新教出版社、二〇〇二）三一頁。
132 Anthony Manousos, eds., *op. cit.*, p. 42.
133 Shizue Seigel, eds., *op. cit.*, p. 279.
134 前掲書。
135 Friends Journal, *op. cit.*, p. 28.
136 フランク・チューマン、前掲書、三六五〜三六七頁。
137 Brian Niiya, ed., op. cit., pp. 247–249 & 289.
138 Herbert Nicholson & Margaret Wilke, *Comfort All Who Mourn* (Fresno: Bookmates International Inc, 1982), pp. 163–164.
139 Friends Journal, *op. cit.*, p. 29.
140 Mami Mizuguchi, *op. cit.*, p. 47.
141 Frank Kikuchi, Japanese American National Museum StaffMember Lecture, November 14, 2009.
142 木村恵子、前掲書、一九四頁。
143 The Miami Herald, Sunday Magazine, August 24, 1947. &Elizabeth Vining, *Windows for Crown Prince* (Philadelphia: J. B. Lippincott Company, 1952), p. 14.

144 木村恵子、前掲書、一八一頁。

145 Elizabeth Vining, *Quiet Pilgrimage*（Philadelphia: J. B. Lippincott Company1970）, p. 200.

146 Lawrence Miller, *op. cit.*, p. 240.

147 Elizabeth Vining, *Windows for Crown Prince, op. cit.*, p. 49.

148 Clarence Pickett, *op. cit.*, p. 239.

149 エスター・B・ローズ記念出版委員会、前掲書、三八七頁。

150 Elizabeth Vining, *op. cit.*, p. 295.

151 エスター・B・ローズ記念出版委員会、前掲書、七九&九三頁。

152 『朝日新聞』一九七九年二月七日。

153 エスター・B・ローズ記念出版委員会、前掲書、一一八頁。

154 Shizue Seigel, eds., *op. cit.*, pp. 152–167.

155 長江好道、前掲書、一六九頁。

156 日系一世の大山嘉次郎が強制収容所に抑留されている最中の1944年に、長男フレッド名義で購入した土地がカリフォルニア州により没収された事を不服として、州を提訴した事件。

157 前掲書、一六七〜二一四頁。

158 リヴァーサイド日米キリスト者会議の遣米平和使節団の一人として和解と平和をアピールした。

159 沢野正幸『最初の名誉都民アキスリング博士』（燦葉出版社、一九九三）二一二頁。

160 宣教活動や日米親善で勲二等を受章した人物としては他にメソジストのMCハリス監督がいる。

161 山田和明『ロサンゼルス日系バプテスト教会創立七十五周年記念』（二〇〇〇）。

162 藤岡紫朗『歩みの跡』（歩みの跡刊行後援会、一九五七）六三四〜六三六頁。

163 「カトリック高野教会広報部」December2007, Web. 2 July2012.

164 Toru Matsumoto, *op. cit.*, p. 88.

165 Adam Schrager, *The Principled Politician*（Golden: Fulcrum Publishing, 2008）, p. 4.

166 Shizue Seigel, eds., *op. cit.*, p. 27&281.

167 「関東学院学院史資料ニュース・レター第一四号」11 January2011、Web. 2 June2012.

168 Shizue Seigel, eds., *op. cit.*, pp. 61-70.

169 前掲書、一一七頁。

170 山田和明、ロサンゼルス・バプテスト教会一九六八年八月六日週報。

171 昭和天皇の信頼が最も厚く、陛下とマッカーサー元帥の通訳として立会っていて、野村吉三郎大使の側近でもある。長兄は外務次官の寺崎太郎である。彼の妻グエンはまたマッカーサー元帥の側近、ボナ・フェラーズとは親戚関係にあった。

172 尾塩尚の『駐米大使野村吉三郎の無念』二三三頁によれば、朝河寛一エール大学歴史学教授が親書案を作成し、ホワイト・ハウスに送ったことになっている。その親電をグルー大使が受け取ったのは、真珠湾攻撃のわずか二時間前であった。

173 Gwen Terasaki, *Bridge To The Sun* (New York: The University of North Carolina Press, 1957), pp. 65–69 & 215–216.

174 前田徹他、前掲書、二二六頁《電文の遅れについてグルー駐日大使は日本軍部の妨害だと推測する》。

175 Shizue Seigel, eds., *op. cit.*, p. 60.

176 田中芳三『神はわが牧者』(河北印刷株式会社、一九六〇)四六～四七頁。

177 前掲書。

178 前掲書、四六～四八頁。

179 C・E・ランカスター『幸いなる旅路』(ヨルダン社、一九六九)一四三～一四八頁。

180 二〇一〇年九月十三日、メリノール日系カトリック・センター会員のインタビュー。

181 Harry Honda, *Japanese Catholic in Little Tokyo-A Laymen's Plea that Launched the Mission* (Selfpublished, August 26, 2010), p. 14.

182 Nikkei for Civil Rights & Redress, *Stand Up For Justice-DVD*. (Visual Communications, 2009).

183 Brian Niiya, ed., *op. cit.*, p. 215.

184 佐々木雅美編集、前掲書、六一九&六五四頁。

185 山田和明『ロサンゼルス日系バプテスト教会創立七十五周年記念』(二〇〇〇)三三頁。

186 一九七一年一月十二日、ロサンゼルス日系バプテスト教会発行小冊子。

187 Shizue Seigel, eds., *op. cit.*, pp. 184–197.

188 A misnomer that refers to individuals, both male and female, who either refused to answer the "LOYALITYQUESTIONS" or answered in the negative.

189 Junichi Suzuki, 442-Live with Honor, Die with Dignity, DVD.（UTB+Film Voice, 2010）

190 長江好道、前掲書、一五九頁。

191 佐々木雅美編集『南加州日本人七十年史』（南加日系人商業会議所編、大日本印刷、一九六〇）二二一頁。

192 ＪＡＣＬは一九六四年のデトロイト全国大会でクラレンス・ピケット他六人に対して感謝の意を表している。

193 二〇一六年七月五日「ＮＨＫ国際報道２０１６」より。

194 二〇一四年十月『Quarterly Agora』より。

195 二〇一五年四月号『アシュラム』誌。

196 『羅府新報』二〇一〇年五月二十五日付。

197 『羅府新報』二〇一九年九月四日付。

198 サマリヤ人とは、イスラエルの北部に住んでいた人々を指す。紀元前八世紀にアッシリヤ帝国によって、近隣諸国のユダヤ人以外の人々がそこに強制移住させられることによって混血し、ユダヤ人の純血と信仰が失われたことで、南部のエルサレムを中心とした人々からは見下されていた。

あとがき

この執筆プロジェクトをはじめて、かれこれ十年以上が過ぎた。このきっかけとなったのが、収容所に引かれてゆく日系人のために、パンとコーヒーを備えて見送ってくれたアメリカ人がいて、それがクエーカーだと知ったことと、私の所属する東洋宣教会・北米ホーリネス教団のルーツが彼らから来ているという、二つの事実からであった。

それらの事実を探るために、二〇〇三年八月にフィラデルフィアにあるフレンズの本部に行って三日間、アーカイブと取り組んだのだった。だが、どこまでクエーカーの貢献をまとめ上げることができたのかはまったく自信がない。

ともあれ、この小著を出版するために、バプテスト教会引退牧師のポール・ナガノ博士やオレンジ・コースト・フリーメソジスト教会牧師の平湯晴彦氏はじめ、多くの方々の励ましと協力があった。また原稿校正のために、堀田郁子氏、平本敦代氏、高浜賛氏、竹下弘美氏らの尽力があった。ここに改めて、これらの方々の尊い働きに心から感謝を申し上げたい。また初版の出版のために、すでに故人となられた山内修一氏にご尽力をいただき、工藤覚三氏にはカバーのデザインから出版までお世話になった。

また、ゲーリー山下氏が推薦文を下さった。合わせて感謝を申し上げる。

そして願うことは、この小著が、すさんだ世界にも多くの隠れたヒーローがいるという事実を思い出させ、それによって読者の心を奮い立たせ、クエーカーのように見ず知らずの人たちの「静かなヒーロー」になってくれることである。

❖改訂新版にあたり

先年、三月社の編集子より自著の改訂新版の声をかけていただいた。そのために書き直したり、書き足したりもしたが、どこまで編集子の熱意に応えることができたのか自信はない。だが今、世界各地で紛争や戦争の絶えない今日、お互いの間に平和をもたらす一助となれば幸いである。そのためにも、このような機会を与えてくださった編集子に心からの謝意を表したい。

❖著者紹介

杉村宰（すぎむら・つかさ）

一九五〇年、青森県十和田市に生まれる。

弘前大学、カリフォルニアのサンノゼ州立大学を卒業後、東京聖書学院、さらに、再渡米後はカリフォルニア州パサデナ市のフラー神学校で宣教学を学ぶ。

赴任先はロサンゼルス北部の東洋宣教会・北米ホーリネス教団サンファナンド・ヴァレー・ホーリネス教会（現・クロスウェイ教会）、ロサンゼルス南部のオレンジ郡キリスト教会で牧会した後、二〇一五年末に同教団を引退。

一方、二〇〇五年にロサンゼルス南部のアーバインで開拓教会をスタートしていたこともあり、現在もそこで牧会している。

先妻、節子は一九九〇年にカリフォルニア大学ロサンゼルス校（ＵＣＬＡ）で心臓移植をしたが、二〇年後に臓器移植者特有の癌を発症、二〇一二年に召されている。

結婚歴は三十年。二〇一六年に再婚する。

アメリカに半世紀も住んでいながら、いまだ津軽訛りが抜けないでいる。

また、ヨセミテ溪谷に魅せられ、教会員を連れては毎年そこでキャンプをしてきたこともあり、いつしか「ヨセミテ牧師」と呼ばれている。

隣人を愛するということ

日系アメリカ人と日本を助けたフレンド派の人々の記録

2024年 1月 30日 初版1刷発行

著 者 杉村宰

発行人 石井裕一

発行所 株式会社三月社
〒113-0033 東京都文京区本郷一丁目 5 -17 三洋ビル67
tel. 03-5844-6967 fax. 03-5844-6612 https://sangatsusha.jp/

装 幀 山田英春
制作協力 中司孝夫
印刷・製本 株式会社シナノ

ISBN978-4-9907755-8-2 C1012